《康熙字典》總閱官

任官清廷五十三年，教授康熙二十四載

馬甫平，馬雨晴 —— 著

大清名相，帝王之師

他在朝為官清廉，慎守無過，
人望所歸，可謂立德；
他翊贊聖治，
被康熙皇帝稱為輔弼良臣，可謂立功；
他為後世留下數百萬字著述，
被稱為燕許大手筆，可謂立言。

他是 —— 陳廷敬。

目錄

目錄

第四章　班聯懿範

第五章　翰林門第

第六章　宰相家風

第一章

家世春秋

先祖尋蹤

陳氏家族的先祖世居澤州永義都天戶里（今山西省晉城市澤州縣川底鄉）的半坡溝南。明朝洪武年間，由於「河北諸處，自兵後田多荒蕪，居民鮮少。山東、山西之民自入國朝，生齒日繁」（《明太祖實錄》卷一九三），所以朝廷於洪武二十一年（一三八八年）八月決定：「遷山凱撒、潞二州民之無田者，往彰德、真定、臨清、歸德、太康諸處閒曠之地，令自便置屯耕種，免其賦役三年，仍戶給鈔二十錠，以備農具。」（《明太祖實錄》卷一九三）洪武二十二年（一三八九年）十一月，又以「河南彰德、衛輝、歸德，山東臨清、東昌諸處土宜桑棗，民少而遺地利」（《明太祖實錄》卷一九八），乃命「往諭其民，願徙者驗丁給田」（《明太祖實錄》卷一九八）。由於朝廷的移民政策，陳氏的先祖陳仲名，由澤州永義都天戶里被「撥入河南彰德府臨漳縣籍」（陳昌言：《陳氏上世祖塋碑記》）。彰德府的府治就是現在的河南省安陽市，臨漳縣原屬河南省，今屬河北省。

陳仲名被撥入河南彰德府臨漳縣籍，但他的兒子陳靠卻仍然居住在澤州永義都天戶里的半坡溝南。陳靠為什麼沒有隨父而去，史籍記載闕如。當然只有一種可能：陳氏在澤州永義都天戶里世代居住，擁有一定的產業。於是陳仲名留下了長子陳靠，帶著其他兒子離開故土，遷入了河南彰德府臨漳縣。

陳靠以牧羊耕田為生。在陳氏的祖祠中，原來供奉著陳氏始祖陳靠的畫像，是牧羊人的打扮裝束，手裡拿著放羊的鞭子。關於陳靠，史書對他的記載雖然不多，但有兩件事值得注意：第一，他決定要遷居；第二，他的孫子做了官。這兩點說明了一個問題：陳靠不只是一個普通的牧羊耕田的農夫，他已經注意讓自己的子弟讀書，試圖敲開官場的大門。他家居澤州天戶里的半坡溝南，但他對這個地方並不滿意，想另外選址，於是四處尋找，終於決定遷到陽城縣郭峪里（一九一七年，實行編村制，郭峪里改為郭峪村）東北定居。陳廷敬所寫的《陳氏家譜》中記載說，這塊地方「山嶺雄秀，泉水溫涼，風氣鬱茂，實太行之中落」，自然環境好，適合人們居住。

陳靠選定了這個地方，但他沒有來得及遷居就去世了。陳靠娶妻樊氏，生有兩個兒子，長子陳岩，次子陳林。陳靠死後，他的兒子陳岩和陳林把他安葬在溝南的一個叫做「迪將」的地方，然後按照陳靠生前的安排，與他們寡居的母親樊氏遷到了郭峪里東北定居下來。這一年是明朝的宣德四年，即西元一四二九年。

他們在這裡修了房子，置了田產，可以安居樂業了，給這個新建的小莊子取名為中道莊。《陳氏家譜》中說得很明白：「中道莊者，上下皆村落，故以中道名。」陳靠的兩個兒子陳岩和陳林，同時到中道莊定居，這樣就產生了陳氏家族。但是直到二百六十多年後的康熙三十一年（一六九二年），才由陳廷敬創修《陳氏家譜》，陳氏族人的世系皆無從查考，只有陳廷敬祖父陳經濟這一支世系清晰不紊。所以這裡所說的陳氏家族，實際上是以陳廷敬祖父陳經濟這一支為主線的狹義的陳氏家族。陳林是陳廷敬的直系先祖，所以他是陳氏家族的二世祖。

陳林娶妻郭氏，生有兩子，長子為陳秀，次子為陳武。陳秀，字升之，是陳氏家族的第三世。他小時候很聰明，家裡讓他讀書，學習舉子業，希望他能考取功名。可是他不喜歡八股文，考場屢屢失利。他能詩文，而且喜歡寫散曲。他還擅長書法，行草書寫得很好。為人風流倜儻，有氣節。同族中的人想吞噬他的家業，他拚盡全力與人相爭，終於保全了自己的家產。陳秀因為沒有考取功名，無法由正途進入官場。所謂正途就是通過科舉考試考中舉人、進士，然後由朝廷正式任命而成為官員。陳秀沒有這樣的資格，只好謀了個陝西省西鄉縣典史的職位。一個縣的最高行政長官是知縣，其次是縣丞，再次是主簿。典史不入流，沒有品級，負責掌管文書收發。典史職位雖然很小，但也是經吏部選派的，是朝廷命官，在縣裡算是四把手，當時民間習慣上稱之為「四老爺」。典史掌管文書，沒有多少權力，但在知縣、縣丞和主簿空缺時，一般是由典史來代理。西鄉縣附近有一個城固縣，知縣空缺，上級就讓陳秀去代理城固知縣。陳秀有了施政的機會，為百姓辦了一些好事，受到當地老百姓的愛戴。後來他辭官歸家，當地的百姓為他立了生祠。陳秀做了九年典史，留下了很好的官聲，得到了立生祠的待遇。

陳秀在陳氏家族史上是一個極其重要的人物。其一，他是陳氏家族第一個發跡的讀書人。雖然他沒有取得功名，但因為他讀書，便為陳氏家族後來出現九進士、六翰林奠定了基礎。其二，陳秀是陳氏家族中第一個做官的人。雖然他只做了一個不入流的小官，連最低的從九品官階也未達到，但他卻進入了仕途，為陳氏家族後來出現高官顯宦奠定了基礎。其三，陳秀是陳氏家族中第一個寫作詩文的人。雖然他留下來的詩數量不多，藝術價值也不高，但他卻擠進了詩人的行列，為陳氏家族成為詩書世家、文化巨族奠定了基礎。陳秀是陳氏家族實現讀書入仕理想的第一人。陳秀在任西鄉縣典史時寄給兒子三首律詩、三首詞曲，這些詩詞後來成為陳氏家族的家訓。

陳秀有三子，長子叫陳玨（ㄐㄩㄝˊ），次子叫陳珦（ㄒㄧㄤˋ），三子叫陳珙（ㄍㄨㄥˇ），是陳氏家族的第四世。陳玨字孟璧，和陳秀一樣，做了不入流的河南滑縣典史。陳玨的兒子陳天佑在明嘉靖十三年（一五三四年）考中舉人，嘉靖二十三年（一五四四年）考中進士，做了戶部主事，累官至陝西按察司副使。按察司是一省內掌管刑法和監察的衙門，長官叫做提刑按察使，副使是其下屬官員。陳天佑是陳氏家族的第一位進士。

陳秀的三子陳珙，字孟瑞，號南泉。他少小讀書，攻舉子業，但在考場上不得志，在其父陳秀去世後，就棄儒經營家業。陳珙生於明弘治三年（一四九〇年），卒於明嘉靖三十七年（一五五八年），終年六十九歲。他有三子，長子叫陳僑，次子叫陳修，三子叫陳信。

陳修，字宗慎，號柏山，是陳氏家族的第五世。因所居面對著西坪之柏山，故取以為別號。他年輕時有志於舉業，但屢次參加考試都不順利，便退而經營鼓鑄業。鼓鑄業是冶煉金屬、鑄造器械的行業。陳修有心計，善於治理家業，並且輕財好施。鄉親有急難來求他，他總要出錢出糧相助，從不推託。鄉親欠了他的債，如果無力償還，他就不要了，而且焚燒了債券。他雖然不再求取功名，但並不放棄讀書做官的理想，所以他對兒子的教育很嚴格，常常要兒子們以自己的堂兄陳天佑為榜樣。他說：「盍學汝伯父？汝父不足法也。」（陳廷敬：《陳氏家譜》）陳修生於明正德十三年（一五一八年），卒於萬曆六年（一五七八年），終年六十一歲。陳修有四子：長子陳三晉，恩貢，當了懷仁縣（今屬山西省）訓導，次子陳三樂，三子陳三接，四子陳三益。

陳三樂，字同倫，號育齋，為陳氏家族的第六世。陳三樂的名字出自《論語》：「益者三樂，……樂節禮樂，樂道人之善，樂多賢友。」陳三樂賦性嚴毅，倜儻不群，容儀端莊，行於途中，回首觀看者不絕。他為人溫和慈善，與之接近，有藹然可親之感。善於料理家事，經營農田，一手籌劃，使內外井井有條。家富有資財，樂善好施，在周濟別人急難之時，從來沒有吝嗇之意。陳三樂生於明嘉靖三十一年（一五五二年），卒於萬曆四十一年（一六一三年），終年六十二歲。配盧氏，郭峪鎮盧光耀之女。子四：長子陳經濟，次子陳經正，三子陳經訓，四子陳經典。女一：適白巷明吏部尚書王國光之孫王于召。王國光是明代著名的政治家，是張居正進行改革的得力助手，也是陽城明代官職最高的人。王氏家族是陽城白巷裡的大戶，方圓有名的官宦之家。陳三樂能和王國光的兒子攀親，成為兒女親家，可見當時陳氏家族的聲望已非同一般。

陳經濟，字伯常，號泰宇，為陳氏家族的第七世。他幼時攻讀制舉業，有壯志，但考場不利，終未能遂其心願。於是代父綜理家政，能襄成大事。其父去世，他悲傷過度，哀毀骨立。母盧氏在堂，早晚探視，必親必誠。先人所遺資產，全部平均分給諸弟，無一點私心。孝友傳家，成為鄉里效法的榜樣。鄉人之間發生糾紛，他首先辨別是非，然後三言兩語便可調解，無不心悅誠服。鄉人做了錯事，就怕受到陳經濟批評，所以鄉里人流傳著這樣一句話：「寧為刑罰所加，不為陳君所短。」（陳廷敬：《陳氏家譜》）意思是說，有了錯處，寧願接受官府的刑罰，也不願意被陳經濟批評。

陳經濟生於明萬曆四年（一五七六年），卒於天啟六年（一六二六年），享年五十一歲。有三子：長子陳昌言，次子陳昌期，三子陳昌齊。是陳氏家族的第八世。陳昌期就是陳廷敬的父親。

從始祖陳靠、二世陳林、三世陳秀、四世陳珙、五世陳修、六世陳三樂、七世陳經濟，到八世陳昌言、陳昌期、陳昌齊弟兄三人，陳氏家族已經成為方圓百里的富戶巨族，到了非常興盛的階段，但他們的另一個目標還沒有真正實現，就是還沒有成為一個世宦之家。

河山為囿

明朝末年，陝西連年大旱，赤地千里，廣大貧苦農民無法生活，紛紛舉起了起義大旗。崇禎元年（一六二八年），陝西府谷的王嘉胤、宜川的王左桂、安塞的高迎祥、漢南的王大梁等，一時並起。王嘉胤是書吏出身。書吏是縣衙裡的小吏，相當於文書之類的職務。王嘉胤略有文化，故在起義軍首領中嶄露頭角。

崇禎三年（一六三〇年）六月，王嘉胤攻破陝西府谷縣，據城堅守，被官軍攻退。十月，又攻陷府谷，又被擊敗。王嘉胤便率領起義軍渡過黃河，由陝西進入山西。起義軍分散為若干部，各自為戰，時分時合。王嘉胤是起義軍中最大的首領，所部有數萬之眾，攻占山西的河曲縣作為根據地，殺富濟貧，逐糧就食。

崇禎四年（一六三一年）四月十八，陝西延綏東路副總兵曹文詔攻下了河曲縣城。王嘉胤率領起義軍南下，五月二十四經岳陽（今山西省安澤縣）到達屯留、長子，五月二十七從高平、端氏（今山西沁水）進入陽城。六月初一，王嘉胤率眾到達陽城縣城下，陽城知縣楊鎮原據城固守。因為曹文詔率官兵追殺，王嘉胤無心戀戰，帶領起義軍從李邱、長灣等村向陽城南山進發。

六月初二，王嘉胤率部到達陽城南山，看到這裡山高林密，便於與官軍周旋，實為用兵之地，非常高興，就與部下夜飲，喝得大醉。王嘉胤的手下有兩個助手，一個叫王國忠，一個叫王自用。王國忠號白玉柱，被王嘉胤封為左丞相；王自用號紫金梁，被王嘉胤封為右丞相。王國忠和王自用是王嘉胤的左膀右臂。沒想到左丞相王國忠已被官軍收買，暗中叛變，在王嘉胤喝得大醉之時，趁機將王嘉胤殺害，帶著他的首級投降了官軍，向曹文詔請功。曹文詔因此升為臨洮總兵。

王嘉胤的右丞相王自用見義軍失去統帥，便聯絡馬守應、闖王高迎祥、八大王張獻忠、射塌天李萬慶、滿天星、破甲錐、獨行狼、亂世王、混天王、顯道神、混天猴、點燈子、九條龍、不沾泥等三十六家起義軍首領，舉行集會，共商大計。當時李自成是闖王高迎祥的部下，號稱闖將。起義軍的首領共推王自用為盟主，組成了時合時分、共同作戰的軍事聯盟。這次集會，是起義軍由各自獨立行動到互相聯合的標誌。他們有二十萬之眾，成為以後起義軍發展的主要隊伍。

起義軍二十多萬人在晉城地區活動，朝廷調集了大量官軍圍剿。初期的農民起義軍，是因為被生活所迫，逼上梁山，沒有什麼政治理想，組織性和紀律性很差，所到之處只是打家劫舍，姦淫搶掠，甚為殘酷。直到後來李自成做了起義軍的首領之後，起義軍的紀律才逐漸好起來。在當時，起義軍的紀律差，官軍的紀律更糟，搶掠財物，欺侮婦女，對百姓的殘害更為嚴重。令人髮指的是官兵經常冒充起義軍殘害百姓，起義軍也經常冒充官軍進行搶掠。起義軍冒充官軍，尚且畏懼真的官兵，有所顧忌。而官軍冒充起義軍則是肆無忌憚，為所欲為，無惡不作，情況非常混亂，老百姓苦不堪言。

居於中道莊的陳氏家族，每聽到這些搶劫殺掠的事就膽戰心驚，日夜焦心。這時陳廷敬的祖父陳經濟已於天啟六年（一六二六年）去世，其夫人范氏尚健在。陳廷敬的父輩兄弟三人是陳氏的第八世，老大陳昌言，生於明萬曆二十六年（一五九八年），到崇禎五年（一六三二年）是三十五歲。老二陳昌期，是陳廷敬的父親，生於明萬曆三十六年（一六〇八年），此時二十五歲。老三陳昌齊，是陳廷敬的叔父，生於萬曆四十三年（一六一五年），這時是十八歲。兄弟三人都沒有兒子，當時陳廷敬還沒有出生。他們兄弟三人面對這種形勢，為謀取自保之法，決定要修一座堅固的高樓。形勢緊急，他們就在崇禎五年（一六三二年）的正月開了工。

此樓占地只有三間房大小，長三丈四尺，寬二丈四尺，共修七層，高十丈餘。最下面一層深入地下，掘有水井，備有碾磨，並有暗道與外面相通。三層以上才設窗戶，都有厚實堅硬的木板門可以隨時關閉。樓的頂端築有女牆，可以由家丁把守。居高臨下，是一座易守難攻的防禦建築。整個工程共用石料三千塊、磚三十萬塊，耗資甚巨。工匠的飲食等事都靠老夫人范氏料理，工地的備料經營等事都靠陳昌期奔波，全家上下都在為此事忙碌。

修樓的工程還在繼續，到了這年七月，樓修到七層，磚工結束了，要開始立木上梁。按風俗，修房蓋屋立木上梁時都要選擇吉日祭神，他們選擇了七月十六為立木之日。可是到七月十五這一天，忽然聽說起義軍已經來到附近，這時樓尚未修成，僅有門窗，還沒有棚板，沒有蓋頂。但事情緊急，消停不得，只好趕快準備石頭弓箭，運了糧米、煤炭，其他金銀細軟等都來不及收拾。附近的百姓也都趕緊跑來，進樓躲避。當時樓中所容納的大小男女就有八百餘人。這天傍晚，他們就緊閉樓門，嚴陣以待。

次日，就是七月十六，這是擇好的吉日，要在寅正時，也就是凌晨四點，開始祭神立木。但在倉促之間，無法準備祭品，只能焚香拜祝，舉行了立木儀式。到了辰時，起義軍從東而來，剛開始是零星幾人，沒過多久就來了萬餘人，都穿著紅衣服，看去遍地赤色。

起義軍來到郭峪里，大肆殺掠。同時來到中道莊，但對陳氏新修的這座高樓毫無辦法，只好在下面點火焚燒房屋。陳昌言在樓上率領壯丁百餘人堅守。當時天正下雨，樓上沒有頂棚，大家都站立在雨中。樓中有八百多人，全由陳家供給飯食。陳昌期沿垛口到處巡視，陳昌齊管理著樓門的鑰匙，防守很嚴密。起義軍雖然人多勢眾，但那時是冷兵器的時代，只靠大刀長矛，這座高樓就顯得堅不可摧。起義軍不敢近前，又不甘心離開，只好把這座高樓團團圍困起來。

七月十七，起義軍仍不退去。陳氏考慮，農民軍再這麼圍下去，時間長了，難免要出現意外，怎麼辦呢？陳昌言說：「家離澤州七十里，若得救兵來，樓方可保。」經過商量，決定讓陳昌期趁夜間出去，到澤州求援。到了夜晚，起義軍火把照山，上下如晝。午夜時分，陳昌期就攀緣著繩索下樓。當陳昌期下樓時，大概因為沒有抓緊繩索，突然摔了下去。

這時，陳昌言在樓上心膽俱裂，悔恨無極，哭著說：「以十丈墜地，萬無得生之理。」（陳昌言：《河山樓記》）於是遍問樓中人，誰敢下樓相救。樓中人人畏懼，無人敢應。後來僕人李忠自告奮勇，願意下樓救人，陳家立即賞銀五兩。李忠攀緣著繩索下樓，用竹簍將陳昌期吊了上來。陳昌期當時昏迷不醒，陳昌言抱頭痛哭，又不敢驚動老母親。他一面指揮禦敵，一面照料二弟。到了次日，陳昌期漸漸甦醒，四肢竟安然無恙，只是臉上微有血痕。

起義軍圍攻四晝夜，以為樓中無水，難以相持。在此之前，沁水縣大興里的柳氏，也修了一座高樓，非常堅固。起義軍來攻，攻不破，只好退去。後又聽說樓中無水，便去而復返，圍守三日，因樓中人飢渴無奈而被攻破。有了這個教訓，陳昌期便知道起義軍的心思是要長期圍困，就命人從樓中井下吊上水來，從樓的四圍潑下去。起義軍見樓中有水，覺得久困無益，只好在七月二十解圍而去。陳氏的這一座樓一直修到十一月，才全部竣工，又安置了弓箭、槍、銃（一種火器，在長鐵管裡裝上火藥，發射彈丸）、火藥、石頭。在此期間，起義軍曾連續來圍攻四次，皆沒有攻破。周圍村莊百姓在樓中躲避的前後也有一萬餘人次。

樓成之後，陳昌言想為樓取名，好久沒有想出合適的名字。崇禎六年（一六三三年）八月初一夜晚，陳昌言夢見與仙人在樓上相會，他就懇請仙人為其樓題名。這位仙人向周圍環視一圈之後，提筆寫了「河山為囿」四個大字。陳昌言向仙人詢問，這個「囿」字是什麼意思。仙人說：「登斯樓而望河山，不宛宛一苑囿乎?」（陳昌言：《河山樓記》）意思是說，登上這座樓，四望周圍的河山，不就好像是一座很大的園林嗎？陳昌言醒來之後，覺得很奇異，次日早起，登樓四望，看到周圍的景象，果然不錯，山環水繞，河山樓就是一個大園林，於是就把這座樓命名為「河山樓」。

斗築可居

就在中道莊陳氏修建河山樓之時，澤州城裡來了一個人，名叫吳先，字開先，是安徽歙縣人。此人慷慨有勇略，重信義，喜歡談兵說劍，與澤州的文人交遊甚密。崇禎五年（一六三二年）七月，駐澤州的兵備副使王肇生聽說吳先有勇略，對他恩禮有加，並在澤州演武場設壇，拜請吳先為將，招募義勇新兵六百人讓他帶領，來抵禦起義軍。吳先率兵轉戰於陽城，又招募一部分青壯年參加隊伍，共計一千二百人之多。九月十七，起義軍集結於沁河之東，危及澤州，澤州城內人心惶惶。吳先在陽城奉命率軍東渡沁河，與起義軍馬守應在北留墩相遇，兩軍激戰一晝夜。官軍有一個參將（職位次於總兵、副總兵的軍官），奉命前去增援吳先。但這個參將妒忌吳先，逗留不進。吳軍與起義軍戰鬥至後半夜，吳先戰死，所率一千二百人，只有六七人生還，其餘全部陣亡。

此時，起義軍揮師攻澤州，州人山東右參政張光奎堅守八日，沒有等來救兵，城陷，張光奎與其兄守備張光璽、守衛澤州的千總劉自安皆戰死。澤州是大州，號稱晉豫咽喉，乃兵家必爭之地。澤州城破之後，朝野為之震動。朝廷感到問題嚴重，遂調集重兵在山西加緊圍剿。崇禎皇帝急命陝、晉、豫官軍實行聯防，圍剿義軍。總兵左良玉奉命援河南，駐守澤州。

進入山西的起義軍在首領王自用領導之下，逐步形成了推翻明朝腐敗統治的政治理想，分三路在山西作戰，攻擊官軍。崇禎五年（一六三二年）十月，農民軍北進，山西巡撫宋統殷和冀南兵備道王肇生帶兵到陵川堵截，被農民軍殺得大敗，宋統殷和王肇生敗逃至高平，與宣大總督張宗衡會合。十一月，起義軍馬守應經沁水榼山到陽城，陽城知縣楊鎮原閉城嚴守。總兵尤世祿率兵至，與起義軍激戰，互有勝負。另一支起義軍，被明將白安追至陽城，與馬守應部聯合西去。崇禎六年（一六三三年）正月，農民起義軍轉戰陽城，大敗官軍，明參將芮琦等戰死。七月，農民軍攻破沁水城，殺沁水知縣焦鼇。

農民起義軍的勢力不斷壯大，令中道莊的陳氏家族更為憂心。雖然河山樓堅不可摧，樓內可容人千口，足以擔當一面，但糧食包裹不能多藏，牛馬等牲畜也無處躲避，每每遭到殺掠。陳昌言對此事日夜思慮，想找一個萬全之策。於是他想，修一座樓已經很有成效，如果能修一座城堡肯定會更加安全可靠。況且中道莊本來就不大，所居住的又都是陳氏同宗之人，如果能共同修築一座城堡自守，應該不是難事。於是他把族人集中起來，申說他的想法，曉以同舟共濟的道理，希望共築一城，以圖永固之利。但是陳氏族人各藏私心，又有重金錢而輕性命之人，人多嘴雜，眾說紛紜，無法形成共識。陳昌言無法相強，只好打算把自己這一家所居住的地方圍起來修一座城堡。可是他的房產所相鄰的地基都是同宗族人的產業，族人又不肯相讓，他只好懇請親友幫助說合，破費很多錢財，再以自己的產業相兌換，這樣才勉強將相鄰的房產地基談妥。

崇禎六年（一六三三年）七月二十一，陳氏修築城堡的工程動工了。工程進行了八個月，到次年即崇禎七年（一六三四年）的二月才竣工。這座城堡周圍大約有百丈，高二丈，垛口二百，開西、北兩門，門均用鐵皮包裹，門上修有城樓。鐵門之外，設有粗大的木柵欄。一切閒人往來，只能在柵欄外，不得擅自入內。城堡東面的山最高，若敵人居高臨下，不利於防守。所以在東牆上覆以椽瓦，使敵人的石頭、弓箭不能從上空攻擊，守衛的垛夫可以不受到威脅。城堡的東北角上，築春秋閣，祀奉關聖帝君；東南角上，築文昌閣，祀奉文昌帝君。這項工程共花費白銀一千餘兩。城堡修成之後，陳氏又訓練了守城的家丁，添置了武器，備了火器，貯積了糧食煤炭。

陳昌言把這座城堡取名叫做「斗築居」。「斗」，是一種量器，十升為一斗。「築」指居室。「斗築」是指像斗那麼大的一個小居室，如同說「斗室」、「斗城」。「斗築可居」就是說這座小城堡雖然只有斗那麼大，卻可以安居樂業。陳昌言在城堡上題寫了「斗築可居」的匾額，並作《斗築居銘》，以告誡子孫創業不易，守成更難，讓子孫後代和睦相處，牢記祖訓，時時小心，防水防火，維護城堡，保全家業。

斗築居城

農民起義軍在山西南部，特別是在晉城地區得到了貧苦農民的支持和回應，很快發展壯大起來，並且在與官兵的多次作戰中經受了考驗和鍛鍊。崇禎六年（一六三三年）夏，起義軍首領王自用在河南濟源中箭身亡，各路起義軍擁推闖王高迎祥為首領。這年冬季，起義軍在官軍的重重圍攻之下，趁黃河結冰之時，從豫北渡過黃河，進入河南中部和西部。起義軍活動的區域擴大了，不僅限於山西、陝西一隅，從此拉開了明末全國性農民大起義的序幕，開始了逐鹿中原、問鼎天下的農民戰爭。

在農民起義軍渡過黃河南下中原之後，晉城地區又恢復了暫時的平靜。陳氏三兄弟的老大陳昌言，字禹前，號道莊，一號泉山。他幼時非常聰明，與普通孩子大不一樣，考中了秀才之後，進入州學讀書，每次考試都名列前茅。崇禎三年（一六三〇年）秋天，陳昌言到太原參加鄉試，考中了舉人。

崇禎四年（一六三一年）農民起義軍進入陽城，崇禎五年（一六三二年）陳氏修建了河山樓，崇禎六年（一六三三年）夏又開始修建斗築居城。在修建斗築居城期間，陳昌言又赴北京參加了崇禎七年（一六三四年）春天的會試和殿試，二月二十七放了榜，陳昌言高中進士，這時他三十七歲。陳氏家族的第五代陳天佑曾於嘉靖二十三年（一五四四年）中了進士，到第八代陳昌言中進士已經整整過了九十年時間。陳昌言是陳氏家族的第二個進士，授京師永平府樂亭縣（今河北樂亭縣）知縣。這年秋天，陳昌言就起程到樂亭縣去上任。

在任樂亭知縣期間，陳昌言努力做一個好官、清官。朝廷的吏部每三年要對官員組織一次考績，審定職官的才德優劣，分為稱職、平常、不稱職三等。陳昌言在樂亭的政績較好，所以經過考績，被調到京城裡當京官。他離任之後，樂亭的百姓感激他的德政，為他立了生祠。

陳昌言調入京城，到都察院擔任監察御史，主要職責是對百官進行監督彈劾。都察院的監察御史分屬於十三道，一百多人，陳昌言是浙江道監察御史。監察御史官位不高，仍然是正七品，但御史掌管風紀，糾察百官，職務很重要，受人重視。當時的官場流行著這樣的諺語：「名莫美，成進士；官莫高，為御史。」（白胤謙：《泉山陳公墓誌銘》）意思是說，不必追求美名，只需要成為進士就好；不必追求高官，只要成為御史就可以了。

監察御史還經常被皇帝派出去到各省巡視，稱為巡按御史，俗稱「八府巡按」，代天子行事，既是皇帝的耳目，又是代皇帝巡狩，小事可獨斷，大事啟奏朝廷。在明代，省一級的管理機構有布政使司、按察使司和都指揮使司三個衙門，叫做三司。三司的長官布政使為從二品，按察使為正三品，都指揮使為正二品。巡按御史只有七品，但因為巡按御史是代皇帝辦事，類似於欽差大臣，也駐在省城，和省裡的三司長官的權勢相當，甚至還在三司長官之上。在明朝初期，三司長官出門處理公務是騎馬，巡按御史出巡時按規定是騎驢。到宣德年間，有一個巡按御史叫胡智，感覺騎驢不氣派，頗失體面，就給皇帝上疏說，巡按御史既然是代替皇帝辦事，在三司長官之上，那就應該和三司的長官一樣，出門時也應該騎馬。皇帝看到他的請求，就欣然批准了。自此，御史出巡不但騎馬，而且還「繡衣持斧」，以顯示其為皇帝特派，可掌生殺大權。陳昌言曾經被皇帝派出巡按山東。在巡按山東的一年之中，他就向朝廷上了幾十道奏疏，糾劾貪官汙吏，處分不法官員，對權貴毫不畏懼，鐵面無私，直聲達於朝野。

在陳昌言做官期間，陳家發生了一件不幸的事情，他的三弟陳昌齊病逝了。陳昌齊，字大虞，自幼穎悟，五歲就能識字讀書，而且讀書特別用功。為人沉默寡言，厚重老成。崇禎八年（一六三五年）二十一歲時，與二兄陳昌期同時考中秀才。就在這一年冬天，他去樂亭縣陳昌言的官署內讀書，與長兄陳昌言朝夕相處，探討學業，進步很快。可是到次年夏天，陳昌齊得了嘔血之症，請醫診治，不見好轉，到初秋漸重。他只好離開樂亭，扶病歸家，於崇禎十一年（一六三八年）十二月病故，終年二十四歲。陳昌齊原配楊氏，潤城上佛村人，崇禎六年（一六三三年）病故，終年十九歲。繼娶衛氏，章訓村人，崇禎十三年（一六四〇年）病故，只比陳昌齊遲亡十五個月，終年二十歲。陳昌齊無子女，後來以陳昌期之次子陳廷繼為嗣。

陳氏三兄弟的老二陳昌期，字大來，號魚山。其兄昌言在外做官，昌期在籍治家，奉養老母范氏。崇禎十五年（一六四二年），陳昌期在斗築居城外買了四十畝地，寫信告訴了大哥陳昌言。陳昌言立即對這四十畝地做了安排，他說：「今於斗築外，又買得閒田四十畝許，高下可因，堪理別墅。余意於居之北一區作稷事，終歲問農，為力本計；其南一區作止園，為書堂，引水通渠，栽花灌木，可以課讀，可以陶情，老足矣。」（陳昌言：〈家弟書至詩序〉）按陳昌言的計畫，要在斗築居城外修建一座別墅。別墅北面的土地用來種莊稼，南面可以修建止園、書堂，作為自己將來養老讀書的地方。

陳昌期按照大哥的吩咐，立刻動工在斗築居前修建了別墅，這個別墅就是後來的大學士第，即陳廷敬的相府。當時沒有修建止園、書堂，是因為陳昌言還不到辭官養老的年齡，更主要的原因是時局動盪。當時是明崇禎十五年（一六四二年），大明朝廷已經是風雨飄搖，日薄西山，瀕於崩潰。農民起義軍已成燎原之勢，力量更加強大，威脅著明王朝的江山社稷。滿洲鐵騎虎視眈眈，曾多次入關侵襲，勢不可擋。陳昌言在外地做官時，親眼看到了滿洲騎兵蹂躪關內的慘況。那是崇禎十一年（一六三八年），清軍入關，鐵騎強悍無比，所向披靡，前後破畿輔（京都周圍的地區）州縣四十三、山東州縣十八，擄掠人口四十六萬餘人，直到次年三月才出青山口而去。

基於當時的形勢，戰亂隨時可能發生，所以陳氏在修建別墅的同時，又把斗築居城向西進行了擴展，修成了中道莊城。中道莊城仍然是非常堅固的防禦性城堡式建築，共有四門，中道莊門是正門，另外還有南門、北門和西偏門。陳昌言也於這年回到了家中，主持修建陳氏別墅和中道莊城的工程，並在城正門的石匾上題寫了「中道莊」三個大字，上款為「崇禎壬午孟春」，下款為「道莊主人建」。崇禎壬午是明崇禎十五年（一六四二年），道莊主人是陳昌言的號。

到次年即崇禎十六年（一六四三年）夏天六月，工程竣工後，陳昌言才又辭家返任。他在途中寫詩寄給二弟昌期，其中有這樣兩句：「風雨征途空碌碌，兵戈王事正皇皇。」

「碌碌」是繁忙勞苦的意思，「兵戈」是指戰爭，「王事」是指國家大事，「皇皇」即「惶惶」，是恐懼不安的意思。這句詩正反映了當時的天下形勢，十分令封建士大夫擔憂。

歸順大清

從崇禎十四年（一六四一年）起，農民起義走向高潮，形成了李自成和張獻忠兩大主力軍，分別在北方和南方發展，攻城掠地，節節勝利。他們早已改變了過去紀律鬆散的情況，變成了紀律嚴明，所經之處秋毫無犯的軍隊，有了明確的政治目標，要徹底推翻明朝的腐敗統治。崇禎十七年（一六四四年）正月，農民起義軍領袖李自成在西安建國稱帝，國號大順，改元永昌。

崇禎十七年（伊）三月，李自成統兵渡黃河進入山西，三月十七進圍北京，三月十九，大順軍攻克北京，明朝崇禎皇帝朱由檢自縊身死。當天大順皇帝李自成進入北京，標誌著明朝的覆亡。明朝覆亡之後，李自成對明朝官員採取慎重選用的政策，凡三品以上的大官全部不用，四品以下的官員則酌情錄用。當大順朝宣布了這項政策之後，明朝官員爭先恐後地前往大順朝的吏政府報名請求錄用。當時陳昌言在都察院任浙江道監察御史，李自成圍攻北京城之時沒能逃出來，於是他和其他大多數官員一樣，投靠了大順政權。

李自成進入北京之後，形勢很快急轉直下。李自成率大順軍到達山海關與明總兵吳三桂作戰。吳三桂引清軍入關。由於兵力懸殊，大順軍大敗，被迫退出北京，經山西進入陝西。大順軍在北京首尾不過四十二天，李自成退出北京之時，明朝的大批官員也趁此機會逃出京城，陳昌言也在此時逃回陽城縣中道莊。陳昌言回到中道莊之後寫了一首詩，隱約透露了他於鼎革之際的一些困惑。陳昌言的詩題為《蟄居》，詩前的小序寫道：「有屋一間，盡可容膝。甲申避亂其間，因名。」意思是說，在中道莊有一間小屋，盡可以容我起居，甲申之變時我在其中避亂，所以把這間小屋命名為「蟄居」。「蟄」是「伏藏」之意。「蟄居」就是伏藏的居所。他的詩是這樣的：

大廈雖非一木支，苟全亂世欲何為？憂將天問憑誰解，慚對青山轉自疑。半榻奇書消寂寞，一杯玄酒了愚痴。愁多潦倒無新句，且向殘燈改舊詩。

大意是說，大廈不是一根木頭能夠支撐的，我苟全性命於亂世之中又能怎麼樣呢？我日夜憂愁，向天發問，憑誰能夠給我解答？面對青山，滿懷羞慚，內心產生了更多的疑慮。擺滿奇書可供我消除寂寞的時光，杯子裡的薄酒可讓我忘卻愚痴的想法。愁苦失意寫不出清新的詩句，只好在殘燈之下修改過去的舊作。

這首詩可分為兩部分，前四句寫自己矛盾複雜的思想和心情，後四句寫自己只能以看書、飲酒、寫詩來消磨時光，排解愁思。前四句是這首詩的重點，可以幫助我們分析陳昌言當時的思想。第一、第二句是表明心跡，表明他對明王朝的態度：明朝天下不是哪一個人能夠支撐起來的，這已經是不可改變的事實了，雖然我苟全性命活了下來，又能起什麼作用呢？言外之意是我真應該身殉社稷，去為國盡忠啊，我為什麼要活下來呢？勉強活下來又有什麼價值呢？這是他心裡無法消解的矛盾。接下來第三句，進一步揭示了內心的矛盾。明朝滅亡，他本應以死報國，可他沒有死，變節歸附了李自成的新朝也就罷了，可是誰又能料到這個看起來方興未艾的新朝僅僅四十二天就敗亡了，這樣使他的委身變節就顯得非常不划算，擔上個變節名聲究竟是圖了什麼？大明王朝能被所謂的「流賊」李自成所推翻，在當時他和大多數歸附大順的降臣都認為明朝的氣數盡了，天命所歸，要被李自成的大順朝所代替，可大順朝為什麼竟這樣短命呢？自己剛剛投靠了新主，頃刻又變成了無枝可依的驚弓之鳥，這真是造化弄人啊，命運和自己開了個大玩笑。他心裡想不通，找不到答案，他仰問蒼天，也得不到解釋。陳昌言是飽讀孔孟之書的儒士，他太懂得忠孝節義的含義了，所以他寫出了第四句：「慚對青山轉自疑。」他慚愧自己失節投敵，委身事賊；疑慮自己前途渺茫，無所適從。

大順朝敗走、滿洲貴族入侵，自己究竟該怎麼辦？出路在哪裡？陳昌言陷入了兩難的境地，進退維谷。不過，他很快認清了大勢。他親眼看到了清軍的威猛，明軍腐敗不堪，李自成的隊伍遇到清軍也不堪一擊。與如此強大的侵略者對抗，肯定是凶多吉少。陳氏家族能走到今天這一步容易嗎？陳昌言能走到今天這一步容易嗎？魚和熊掌不可兼得。清軍入關後，清廷對前明的官員大加籠絡，只要是在明朝做過官的，都按原官起用。這項政策給中道莊的陳昌言帶來了曙光，他覺得這是一條陽關大道。果然，陳昌言投降了清朝之後，立即官復原職，仍然是監察御史。

清順治二年（一六四五年），清朝的軍隊攻克了南京，史可法英勇殉國，弘光朝廷土崩瓦解。清廷設置江南省，轄今江蘇、安徽及江北等地，陳昌言就被任命為提督江南學政。學政是主持一個地區教育的官員，由皇帝親自任命，稱作欽點學政。學政均從京官中選派，任期三年。學政到所在省之後，獨立行使管理教育的職權，與該省的總督、巡撫平起平坐，而總督、巡撫不得干涉學政事務。清順治時，只有順天府（今北京市）、江南省、浙江省稱學政，其餘各省都稱學道。江南在全國來說是一個大省，地位非常重要，陳昌言被任命為江南省學政，可見陳昌言投清之後，很受清廷的重用。

全國的抗清鬥爭，在清初仍然風起雲湧，此起彼伏。山西雖然處在清廷的後方，也爆發了以姜瓖為首的大規模反清鬥爭。

姜瓖，原是明朝掛鎮朔將軍印的大同總兵官。崇禎十七年（一六四四年）三月大順軍攻克太原後，他投降了大順政權。同年五月，歸附了清朝。這以後的三年裡，清廷對陝南、四川用兵，曾多次徵發山西的人力、物力，加重了官民的負擔。順治五年（一六四八年）十一月，姜瓖對清朝統治者崇滿歧漢政策早已心懷不滿，大同地區的清朝官員又奉命徵集糧草，急如星火，百姓怨聲載道。於是，姜瓖在十二月初三，突然關閉城門，下令割辮子、易冠服，自稱大將軍，公開揭起了反清復明的旗幟。

大同舉義後，山西各地聞風回應，在很短的時間裡，便成燎原之勢。陽城人張斗光本來就在麻樓山聚眾抗清，姜瓖反正後即率軍攻打澤州。潞安（今山西長治）義軍統帥胡國鼎命陳杜、喬炳、許守信前來支援，聲勢十分浩大。張斗光攻下澤州城，以澤州為根據地，接著進軍陵川，圍攻陵川縣城。清朝陵川知縣李向禹見城不保，又無退路，知道難免一死。其妻王氏無奈，便與二女在後堂自縊。李向禹拚死抵抗，城破被殺。張斗光又出兵攻沁水縣城，沁水知縣劉昌（隆平人）抵敵不住，便暗中安排妻子兒女帶著金銀細軟出城，潛回老家。自己聲稱到河東去求救兵來守城，實際他出城後便倉皇逃竄。

沁水城破。晉東南一府（潞安府）二州（澤州、沁州）為義軍所占領，全部插上了前明的旗幟。

執掌清廷最高權力的攝政王多爾袞兩次親征山西，都沒有取得明顯戰果。順治六年（一六四九年）八月，大同已經被圍困整整九個月，姜瓖部下的總兵楊振威變節，暗中派人出城與圍城清軍聯繫，殺害姜瓖與其兄姜琳、弟姜有光，持首級出城投降。

澤州的張斗光聽到大同失守的消息，並不氣餒，繼續堅持抗清鬥爭。他在澤州各縣設置官吏，建立政權，深受百姓擁護，青壯年紛紛參加他的抗清隊伍。張斗光看到在這次抗清鬥爭中，山西好多前明官員和地方紳士都紛紛起兵抗清，特別是明朝崇禎年間的大學士李建泰，山西曲沃人，曾經降順、降清，後來又辭官歸里，參加了抗清鬥爭。因此張斗光也想得到地方紳士的支持。由於中道莊的陳昌期是當時晉城一帶最有名望的鄉紳，便決定請陳昌期共謀抗清大事。於是張斗光寫了一封措辭懇切的書信，派人帶著厚禮去見陳昌期，請陳昌期前來共事。張斗光的使者來到陳家，送上金帛禮品，說明來意。陳昌期撕碎了張斗光的書信，拒收禮物，怒罵曰：「賊奴死在旦夕耳，敢脅我耶！」（陳廷敬：《魚山府君行狀》）張斗光的使者無奈，只好回澤州覆命。

張斗光得知陳昌期不願合作，而且出言不遜，十分憤怒，便率軍數千人於薄暮時分來到中道莊，將城堡團團圍住，雲梯、大炮、火器諸物，無不齊備。

陳昌期立即集中家丁，指揮家丁迅速收拾武器，準備守城，並且和他們說：「受恩本朝，為臣子，誓不陷身於賊。賊反覆倡亂，此特貸命漏刻耳！吾已度外置妻子，若汝曹不協力堅守，一旦為賊所汙，異時王師至，無噍（ㄐㄧㄠ）類（指活人）矣。」意思是說，我受恩於大清朝，成了大清的臣子，發誓絕不以身事賊。此賊反覆發動叛亂，只不過是朝廷暫時寬免他的性命罷了。我已將妻子兒女置之度外，如果你們不全力堅守，一旦城破被反賊所利用，將來朝廷的大軍到了，就沒有活命了。

陳昌期的妻子張氏哭著對昌期說：「吾必不辱君，堡破請先死，君其勉之！」意思是說：我肯定不讓你受到侮辱，城堡如果萬一被攻破，請讓我先死，你一定要努力啊！當時張氏剛生第三女，猶在產褥中，她說：「此非安寢之時！」（陳廷敬：《母淑人行狀》）於是立刻起床準備糧食飯菜，輔佐陳昌期守城，終夜未嘗解衣休息。

據陳廷敬在《魚山府君行狀》中的記述，陳廷敬這時已經十二歲，隨父陳昌期登城瞭望。張斗光先禮後兵，又寫了一封書信，言辭更為誠懇，曉以抗清復明之大義，以箭繫書，射於城上。陳昌期接到張斗光射上來的書信，目不正視，撕成碎片，說：「以身死忠，永無二念。」

張斗光看到中道莊城堡堅固，預料難以攻下，便向陳昌期索取金銀財帛，以充軍餉。陳昌期說：「為大清守一塊土，金帛以勞守者，何賄賊為？」意思是說，我要為大清朝守衛這一塊土地，金銀財帛是用來慰勞守衛兵士的，為什麼要給你這反賊啊？

張斗光見陳昌期態度堅決，再無迴旋的餘地，便下令攻城，攻勢異常猛烈。陳昌期以重金賞賜守城壯丁，頑強抵抗，炮火矢石齊發，情勢非常危急，陳昌期也異常恐慌，左思右想，無計可施。正在此萬分危急之時，張斗光軍忽然放開一角而去，然後全軍盡皆撤去。

原來清軍攻破大同、朔州之後，逐漸平定了晉北，然後大軍南下。十月初四，清軍用紅衣大炮攻破太谷縣城；初十占領沁州城，接著又攻克潞安。駐守澤州的陳杜得到消息，忙派人告知張斗光。張斗光聞訊，急率軍回救澤州。

十一月，清將博洛率領鎮國公韓岱、固山額真石廷柱、左夢庚等部在澤州擊敗反清義師，義軍部院陳杜、監軍道何守忠、守將張斗光等被擒殺。就這樣，山西大規模的反清力量被鎮壓下去了。

之後，清廷在北方的統治逐漸趨於穩固。陳昌言、陳昌期兄弟投清的選擇使陳氏家族安全地度過改朝換代、天下動亂的危險期，仍然保持了陳昌言的官位和榮華富貴，保持了陳氏家族富甲一方的鄉紳地位，並且為陳氏家族的進一步發展創造了條件。

激流知止

陳氏第八世三兄弟的老二陳昌期，字大來，號魚山。他比長兄陳昌言整整小十歲。明崇禎七年（一六三四年），陳昌言考中進士後在外做官，他在家奉養老母。先娶了一個妻子，是陽城縣白巷裡的鄉飲賓李氏之女。但李氏多病，不久就病逝了。

陳昌期的母親范氏夫人，又要為兒子說親。她聽說沁水縣郭壁村的張家有一個女兒，才貌雙全，即聘為兒媳。張氏出身於世宦之家，祖上歷代為官。祖父張之屏，明萬曆二年（一五七四年）進士，累官陝西商洛道左參政。父親張洪翼，字萬涵，明萬曆三十一年（一六〇三年）舉人，署朝邑縣教諭，官至廣平府威縣（今屬河北省）知縣。母親王孺人，出身名門，大家閨秀，是明代著名政治家吏部尚書王國光的孫女。

張洪翼已是壯年，沒有兒子，這一個女兒生得非常聰明，異於常女，所以張洪翼就把她當作兒子來養，對她十分鍾愛。在古代，女子本來是不讀書的，他卻要讓女兒讀書，並且自己親自教。張氏先後讀了「四書」、《資治通鑑》、《列女傳》等，全部能熟背，而且能通曉大意。張氏字也寫得好，一筆蠅頭小楷，不亞於州縣學校裡的秀才。其母親王氏，做事有規有矩，待親戚鄉鄰皆以禮，對下人寬嚴得中。她對女兒日夜訓誡，凡做事皆有法度，女兒亦善承母意。這樣，父親教張氏讀書，母親教張氏待人治家之法，把張氏調教成了一個德才兼備的賢淑女子。

張氏既是賢婦，又是才女。嫁至陳家之後，長兄陳昌言之妻李氏多病，三弟陳昌齊夫婦早夭，婆母范氏寡居在堂，張氏晨夕侍於側，一切烹飪縫紉諸瑣碎事，皆親自動手。范氏夫人老而長齋，喜潔清，非張氏所烹食物則不甘味。於是范氏夫人每每歎息說：「無此賢新婦，何以娛我老人？」（陳廷敬：《母淑人行狀》）

陳昌言在做官期間，俸祿收入全部交給了他的二弟陳昌期。俗話說，長兄如父，陳昌期也像尊重父親一樣尊重他。早在明朝崇禎十五年（一六四二年）的時候，陳昌期買了四十畝地，修建了別墅和中道莊城。本來陳昌言還有修建止園、書堂的計畫，但由於時局動盪，未能實現。原來，陳昌言早已產生了退隱的念頭，他計劃修建止園、書堂，是要為自己籌劃一塊養老之地，等自己退休之後，能有一個讀書、怡情的地方。他在做這個計畫的時候，寫了一首長詩，寄給二弟陳昌期。詩是這樣寫的：

黃流幾見可常清，素月幾見可常圓。白駒飛走誰能繫？電光過目矢去弦。世事蕉鹿總堪疑，底事人前浪皺眉？僕僕東西苦未歇，山銜半日已將夷。初擬一官差足好，哪知得官翻生惱。十載潦倒看青袍，一簪華髮客將老。客思悠悠常在閭，合眼便到斗築居。有夢唯牽膝下裾，無心復駕長安車。長安更比蜀道難，人情巇險勝巑岏。縱使到頭終有盡，不如十畝吾廬寬。吾廬偃息東皋下，四望煙霞殊堪把。木石與居寧厭深，況有溫泉清可瀉。我如飛鳥倦欲還，喜爾屋邊買青山。秋風叢桂何馥郁！石上流水日潺潺。竹窗清幽可倚徙，滿架縹緗貯圖史。濁酒但得供澆書，布衣蔬食亦知止。浮生何事日芒芒？杜水陶山淡有光。借問考槃何處是？斗築之居中道莊。

這首詩大意是說，黃河有幾次見過是清澈的，月亮有幾次見過是圓滿的，世事多不如人意。時間像白馬飛走一樣過得很快，如同電光過目，如同飛箭離弦，一瞬即逝。世事就如同夢幻一樣，讓人疑慮不定，為什麼總在人前徒然皺眉？我一生東奔西走，風塵勞頓，無法停息，好像日薄西山，將要落下了。原來想著能有一官半職就很不錯了，哪裡知道得到官職反而生出來很多的煩惱。做了十年的小官頹喪失意，頭上一簪白髮，自己即將老去。作客在外，但心念總是在故鄉，一合上眼便回到了斗築居的家中。在夢中，家中的親人拉著我膝下的袍襟，我已經無心再駕著車到京城的道路上行駛了。京城的處境好比蜀道艱難，人心險惡，遠遠勝過險峻的高山。即使是到頭來也終有窮盡，不如我自己的十畝家園寬闊。我的家園在安靜的東山之下，舉目四望，煙霞美景可愛得能夠用手把握。生活於林木山石之間哪會嫌它幽深，何況還有清澈的溫泉傾瀉下來，環境是多麼優美啊！我在外做官，就像疲倦的飛鳥一樣要回家了，所以得知兄弟你在斗築居旁邊買了青山良田的消息特別高興。秋風中叢生的桂樹芳香濃郁，石上的流水每日淙淙作響。在清幽的竹窗下可以流連徘徊，滿架的淡青淺黃，收藏著豐富的圖書經史。渾濁的酒漿可以供我澆灌腹中的詩書，粗糙的衣食也能夠使我心中得到滿足。人生為什麼要在紛亂繁雜的事務之中度過？像杜甫和陶潛一樣隱居，青山綠水，看似平淡，實則富有光彩。問我將來的歸隱之地在何處，就是中道莊的斗築之居。

這一首長詩寫出了陳昌言感歎人生苦短、世事如夢、官場險惡、眷戀家園的諸多煩惱，抒發他喜愛林泉、決意歸隱田園的思想意趣。陳昌期深深地理解兄長的心思，決心要為兄長修建養老之所。因此在山西的反清運動被鎮壓之後，陳昌期看到天下太平了，為了滿足其兄長的願望，就在中道莊城的南面，開工修建止園、書堂，書堂後來俗稱為南書院。清順治十年（一六五三年）夏，陳昌言已經五十六歲了，他的老母范氏依然康健在堂，他就向皇帝上疏，要求回家探望老母，請假一年。他回到家中之時，正是止園落成之日，他看了止園的景觀之後非常高興，於是寫了一首讚美止園的詩《止園落成即景》：

隨地聊成趣，依山近水濱。鑿池生荇藻，疊石像嶙峋。樓建元龍志，園修董子鄰。竹林書屋邃，花塢藥欄新。塞門蠲塵慮，交遊盡古人。天淵時共映，魚鳥日相親。蠟屐尋樵路，青蓑理釣綸。狂歌邀月盞，濫醉落風巾。自可稱園叟，何妨作酒民。心閒身似客，榻靜主如賓。且得如三徑，何須別問津！

意思是說，止園裡的景觀依山傍水，隨地而建，自然成趣。止園中鑿地為池，長滿荇藻植物；疊石為山，突兀高聳。建樓要有東漢陳登（字元龍）那樣的志向，修園要有西漢董仲舒那樣的鄰居。竹林之中的書屋遙遠深邃，花木之間的藥欄清新可愛。關住大門俗念全然消盡，前來交遊的都是古代賢人。天上的雲彩與水池中的倒影交相輝映，安詳的游魚與自在的飛鳥相愛相親。我穿著蠟屐尋找樵夫的去路，披著蓑衣整理垂釣的絲綸。興致到來唱著歌邀請明月與我共飲，酩酊大醉搖搖晃晃被微風吹落頭巾。當然可以稱為治園的老叟，又何妨做一個自在的酒民。心情悠閒，自身如同貴客，睡榻清靜，主人反成嘉賓。能有如此美好的隱居之所，何必再到別處尋訪問津？

據史料記載，止園中有很多景觀，如：影翠廊、借景樓、綠玉屏風、石楠塢、二鄉深處、蓮塘、浣花第二泉、韭畦等。這裡的「二鄉深處」是什麼意思，單從字面上看不容易理解。清代郭峪里有一位詩人叫竇家善，字積之，他有一首《二鄉深處》詩對此做了解釋：

伏枕無俗縈，銜杯有真趣。不圖身後名，但願此中住。

從這首詩「伏枕無俗縈，銜杯有真趣」二句，可知二鄉深處所謂的「二鄉」是夢鄉和醉鄉。詩人認為，伏枕進入夢鄉，無俗念縈繞，銜杯進入醉鄉，有天真意趣。

止園的景致，讓陳昌言欣賞和陶醉。因此他決定離開官場，就此隱居終老，在止園中詩酒自娛，盡享山林泉石之樂。陳昌言把這個園林命名為止園，也就是要「知止」。所謂「知止」，就是要急流勇退。「知止」語出老子《道德經》：「知止不殆，可以長久。」意思是說，凡事要知道適可而止，便不會遇到危險，這樣才能長久地存在下去。

順治十一年（一六五四年），陳昌言探親的假期滿了，但他身體不適，又續了假。順治十二年（一六五五年）十月，陳昌言病故，終年五十八歲。陳昌言為官清正，是一位正直的官員，為百姓做了不少好事。他文采優長，一生寫了很多作品，著有詩集《東溟草》、《燕邸草》、《東巡草》、《南校草》

《山居草》，以及文集《斗築居集》。他修建了斗築居城堡，寫了《斗築居銘》，告誡後人創業不易。並查考家族歷史，傳承祖訓，使陳氏的後人獲得教益。陳昌言是陳氏家族歷史上的一個關鍵人物，對陳氏家族的發展有重要的推動作用。

第二章

簪纓巨族

石壁飛魚

在止園中有一個著名的景觀叫做「飛魚閣」，陳廷敬也曾寫過一首吟詠飛魚閣的詩，曰：

石魚出山時，山雲宿舊處。高閣風雨多，魚飛自來去。

這首詩說的是一個石壁飛魚的故事。故事說，在明朝崇禎三年（一六三〇年）的春天，有一個道士，將頭髮束成髻，帶著有銅飾的道冠，穿戴整齊，來到中道莊，坐在山下的一個茅屋裡，幾天不吃不喝，莊上的人都爭著去看。陳昌言的弟弟，也就是陳廷敬的父親陳昌期，聽到這件事後，就去給這個道人送了飯菜，詢問他到這裡來的緣故。道人沒有正面回答，只是告訴他說：「中道莊東邊這座山是一座魚山，山中藏有石魚，鱗角都已經生成了，現在這條魚就要飛騰而出，這說明此地就要出貴人了。」

這個故事不僅是在民間口耳相傳，而且見於文獻記載。

石壁飛魚版本之一：

陳侍御昌言記云：崇禎庚午春，有道人銅冠束髮，來坐山庵，數日不食，人爭往視之。予弟大來飯之，詢以故，亦不語。但云此山乃魚山也，鱗角已就，勢欲飛騰，當即出貴人矣。

陳昌言的記載把故事發生的時間、地點、情節都講得很清楚。當然，道士所講的內容完全是不經之談，但它對於陳氏家族來說是一個非常吉利的兆頭。陳氏要實現讀書做官的理想，這個道人說此地要出貴人，正好迎合了陳氏家族的意願。所以陳昌期就把東山改名為魚山，並在山石上建了飛魚閣，在石壁上刻了飛魚的形狀，並且取「魚山」為自己的別號。

崇禎五年（一六三二年）四月二十七，陳氏家族第八世陳昌言的兒子陳元出生，是陳氏家族第九代長門嫡子，是陳廷敬的堂兄，所以全家非常高興，給他取乳名叫興第，就是振興門第的意思。

崇禎十一年（一六三八年）十一月二十七，陳氏家族第八世陳昌期的兒子陳敬出生。《午亭山人年譜》記載了一個故事：有一天夜裡，陳昌期的妻子張氏夢見有神仙來，授給她一個玉匣珠囊，就是一個鑲嵌著玉石的木匣子，裡面放有一個錦囊，錦囊內裝著一顆價值連城的珠寶。張氏接到這個玉匣，便隨手放入懷中，她就這樣懷了胎，生了兒子，取名陳敬，就是後來的陳廷敬。《午亭山人年譜》是清代無名氏所撰，夢授玉匣珠囊的故事，當然是出自後人的附會，不足為信。

陳廷敬出生之後，母親張氏缺奶，只好請乳母給他餵奶。但陳廷敬生性怯懦，特別好哭，出生三四十天就能辨認生熟人，找了十多個乳母來給他餵奶，陳廷敬都不要，一見到就大哭不止。郭峪里有一個婦人趙氏，二十三歲，陳廷敬願意吃她的奶，只要趙氏一來，他就立刻不哭了。趙氏在陳家一住五年，專為陳廷敬餵奶。

陳廷敬的曾祖父叫陳三樂，陳三樂弟兄四個，四弟叫陳三益，是陳廷敬的曾叔祖。陳氏本來是耕讀之家，陳三益卻要去經商，常年奔波在外。但他經營無方，生意不好，晚景淒涼，結果死在衛輝的一個小旅店裡。陳三益沒有兒子，為了生子，娶妾郭氏，是河北長蘆（今河北省滄縣）人，陳三益死時，她才十九歲。由於陳三益經商不成，鬧得家裡很貧窮。郭氏曾生一女，也早死了，一直寡居守節，靠自己紡線織布維持生計。陳廷敬出生這一年，她已經四十二歲，守寡二十三年。她與陳廷敬很投緣，陳廷敬好哭，但只要郭氏一進門，陳廷敬就立即不哭了。可是這郭氏家窮，白天要幹活，每天到傍晚才能來看陳廷敬。陳廷敬也好像掌握了這個規律，只要到日暮，就哇哇大哭，要尋郭氏。這樣郭氏每天日暮就來陪陳廷敬，一直陪到他兩三歲，陳廷敬才不再哭了。陳廷敬少時多病，郭氏經常照顧他，

所以陳廷敬和郭氏的感情非常好。郭氏的輩分高，和陳廷敬曾祖父是一輩，陳廷敬

父親陳昌期都應該叫她叔祖母，但因為她是側室，也就是妾，在家族中沒有地位，陳廷敬父母都不稱呼她，所以陳廷敬少時並不知道她是自己曾叔祖的孺人，只是把她當乳母看，叫做「長蘆祖母」。後來陳廷敬做了官，康熙元年（一六六二年）探家時郭氏已經病逝，陳廷敬把她與陳三益合葬，並且為她寫了墓碑，記載了她的事蹟。

陳廷敬自幼聰穎，母親張氏又飽讀詩書，便親自教陳廷敬讀「四書」、《詩經》諸書，成了陳廷敬的第一個啟蒙教師。明崇禎十六年（一六四三年），陳廷敬六歲，從塾師受句讀。因為陳廷敬讀書極其聰明，塾師自感才學不足，不能勝任，遂辭館。陳廷敬九歲時，賦《詠牡丹》絕句云：

牡丹後春開，梅花先春坼。要使物皆春，定須春恨釋。

《午亭山人年譜》記載，陳廷敬的母親看了這首詩後，驚異地說：「此子欲使萬物皆其所也！」當時聽到這件事的人，皆「驚其度量，識者以是知公後日必為名宰輔也」。

陳元和陳廷敬是陳家的第九世，應該是石壁飛魚故事中所謂貴人的人選。陳廷敬後來貴為大學士，是大家所熟知的事，而陳元早逝，他的事蹟鮮為人知。到了清乾隆年間，人們所講述的石壁飛魚故事的內容和陳昌言的記載就大不相同了，於是就出了石壁飛魚的第二個版本。石壁飛魚版本之二：

陳翁昌期，相國文貞公父也，居陽城郭峪里。有遊方羽客至，周覽峪口曰：「異哉此山！有石魚二，宜創亭鎮之，勿令飛去，子孫必大貴。」言訖而別，翁未信。一日，大雷雨，煙霧閃爍中見有振鱗而飛者，不知石為魚而魚為石也。驚愕間，道士適至，曰：「不聽吾言，已失其一。若再飛焉，山靈盡矣。」遂不見。翁因就雷雨處鎮以閣，顏曰「飛魚」，以祀孔子。後生文貞公，果大拜。今人名其山曰魚山，且傳道士臨去時，石上多書「口」字云。（徐昆：《柳崖外編》）

這是清乾隆年間文學家徐昆在《柳崖外編》中的記載。徐昆，字後山，號柳崖居士，乾隆四十一年（一七七六年）任陽城縣教諭，是管理一縣教育的官員。他寫了一本《柳崖外編》，曾與蒲松齡的《聊齋志異》並稱，他在這本書裡記載了石壁飛魚的故事。

徐昆在陽城做官的時間距明崇禎三年（一六三〇年）又過了一百四十多年，離陳廷敬逝世（一七一二年）也已經過了六十多年，所以石壁飛魚的故事經過了民間的加工和潤色，到徐昆的筆下，就變得更加富於傳奇性，更加富於文學色彩了。這裡記載的故事發生時間和陳昌言的記載一致，雖然他沒有寫出具體時間，但也說的是陳廷敬出生之前。這裡說石魚是兩條，和陳昌言的記載明顯不同，是後人加工附會的。這裡說陳昌期修建了飛魚閣，「以祀孔子」。陳氏想讀書做官，要實現治國平天下的理想，當然要祀奉孔子。這裡說道士臨去時，石上多書「口」字云，言外之意是說這個道士就是呂洞賓的化身，因為「呂」字是兩個「口」字組成的。在以上的兩個版本中，徐昆的記載是在乾隆年間，陳廷敬早已故去，說石魚是兩條，其中一條於雷雨之夜飛去，就是後人根據陳廷敬貴為大學士、陳元早逝而附會的。

桂宮聯捷

陳昌言之子陳元和陳昌期之子陳廷敬兄弟二人是陳氏家族的第九代。陳元生於明崇禎五年（一六三二年），陳廷敬生於崇禎十一年（一六三八年），年齡相差六歲。陳元少時，受業於叔父陳昌期。陳昌期教以立品為先，次及舉業。陳元聰穎異常，讀書用功，史書對他這樣記載：「博覽古人傳記、奇詭之文，目不再涉而談論娓娓；下筆如風起泉湧，千萬言頃刻立就。」（同治《陽城縣誌》卷十一〈陳元傳〉）

陳廷敬少時，其母張氏口授「四書」、《詩經》諸書，達到了精熟的程度。以致學館中的先生都教不了他，只好辭館而去。後來陳廷敬就向陳元學習，二人既是兄弟，又如師生，教學相長，進步很快。陳廷敬以文章名揚海內，多得益於陳元的教導。陳廷敬於清順治十四年（一六五七年）考中舉人，次年即順治十五年（一六五八年），到京城參加會試，又經過皇帝親自主持的殿試，考取進士，入選翰林院庶起士，成為陳氏家族的第三位進士、第一位翰林。庶起士的名稱出自《書經》上的典故。《書經・立政》曰：「庶常起士。」「庶」是眾多，「常吉」是祥善，「士」是指讀書人。「庶常起士」意思是眾多祥善的讀書人。明代時，因為這個典故，將翰林稱為庶起士，也稱庶常。清代翰林院設庶常館，讓翰林在館中繼續深造學習，三年後舉行考試，成績優良者分別授以編修、檢討等職；其餘則為給事中、御史，或出為州縣官，謂之「散館」。明代特別看重翰林。天順年之後，不是翰林不能進入內閣，也就是不能當宰相。所以，讀書人只要考中翰林，就有了當宰相的希望，大家就把他看作是儲相，即儲備宰相，或者說是候補宰相。清朝沿襲了明朝的這種制度。陳廷敬到京裡考試，一舉考中進士，欽點翰林，就具備了入閣拜相的基本條件。

陳元是陳廷敬的兄長，早在順治八年（一六五一年）陳元二十歲時，就考中了舉人。因為他的父親陳昌言於清順治十二年（一六五五年）十月逝世，陳元作為兒子要遵制守孝。古代禮制：父母死後，子女要守喪，三年內不得做官、婚娶、赴宴、應考。所以陳元未能參加順治十五年（一六五八年）舉行的會試。按常規，會試每三年舉行一次，陳元錯過了這次機會，還要再等三年，到順治十八年才能再參加會試。沒想到剛過了一年，機會就來了。

清朝入主中原之後，南明的勢力一直在反抗，順治十六年（一六五九年）正月，清軍掃平雲南、貴州，把南明的永曆皇帝趕到了緬甸。等消息報到京城，已經是二月，清廷於是決定開恩科。所謂開恩科，就是國家遇到大的喜慶，要給讀書人恩典，展現皇恩浩蕩，額外增加一次科舉考試。順治十六年（一六五九年）秋天，國家舉行會試。本來會試是在春天舉行的，因為是額外增加的考試，所以安排在秋天舉行。這年秋天，陳元赴京趕考，終於如願以償，考取了進士，選為翰林院清書庶起士，成為陳氏家族的第四位進士、第二位翰林。古代神話傳說月宮裡有蟾蜍和丹桂，後來遂以攀登蟾宮、折取丹桂比喻科舉應試及第。所以順治十五年和順治十六年，陳廷敬和陳元相繼考中進士，叫做桂宮聯捷。

陳元剛考中翰林一個月，他的祖母范氏夫人便於九月二十八病卒，訃告傳到京城，他要立即回家奔喪。陳元和陳廷敬都是范氏夫人的孫子，陳廷敬則不必奔喪回籍。這是因為陳元身分特殊，陳元的父親陳昌言是長子，喪事須由陳昌言來主持，但陳昌言已經去世，陳元要代替父親主持喪事，這樣的身分在古代叫承重孫。雖然陳元還有叔父陳昌期，但陳昌期是范氏夫人的次子，按禮制的規定，他不能代替承重孫的位置。也就是說，有長孫在，次子不能主持喪事。

陳元回家主持祖母范氏夫人的喪事，陳廷敬仍然在翰林院的庶常館學習，學業成績非常好，順治皇帝又經常去庶常館視察，並且親自出題考校翰林，陳廷敬因為考試成績突出，常常受到皇帝的表揚。當時的刑部尚書陽城人白胤謙在《歸庸齋文》中記載說：「檢討君弱冠，翱翔玉堂，所肄習之業，往往蒙上賞許。」檢討君是指陳廷敬，因為陳廷敬散館之後所任官職是檢討。玉堂是指翰林院。上，即指皇上。

陳廷敬的名字本來並不叫陳廷敬，而是叫陳敬。他考秀才、考舉人、中進士，以及在庶常館學習的時候，用的都是陳敬這個名字。但在陳廷敬的同榜進士中另有一位陳敬，是通州人，與陳廷敬同名同姓，也被選入了翰林院，和陳廷敬同在庶常館學習。為了區別，就把陳廷敬稱作澤州陳敬，把另一位陳敬稱作通州陳敬。此時，同在庶常館學習的通州陳敬因滿文成績每每不合格，受到順治皇帝的處罰。順治十五年（一六五八年）十二月，順治皇帝明發上諭，通州陳敬等人被罰俸一年。陳廷敬因為也叫陳敬，與通州陳敬同名，容易引起混淆，所以他特向皇帝上奏，請求改名。順治十六年（一六五九年）正月十三，順治皇帝發了為陳廷敬改名的上諭：「允庶吉士陳敬奏請，更名廷敬，以與直隸通州陳敬同名故也。」（《世祖章皇帝實錄》卷一百二十三）這樣，順治皇帝特地將陳敬的名字中加了一個「廷」字，以與通州的陳敬相區別。

到了順治十六年（一六五九年）的十月，通州陳敬、殷觀光二人因學清書日久，文義荒疏，殊不稱職，被順治皇帝革退，永不敘用。順治十八年（一六六一年）正月初九，陳廷敬參加了康熙皇帝的登基大典。三月，充會試同考官。五月散館，授翰林院檢討。

順治十六年（一六五九年），陳元回鄉為祖母范氏守孝，到了康熙元年（一六六二年），竟然患病去世了，年僅三十一歲。陳元，字長公，號澹庵，一號端坪，陳昌言之子。生於明崇禎五年（一六三二年）四月二十七，卒於清康熙元年（一六六二年）。著有《澹庵詩集》。陳元無子嗣。後來陳昌期讓他的第六子陳廷統之次子陳復剛過繼陳元為嗣。陳昌期的三弟陳昌齊早逝無子，曾以陳昌期之次子陳廷繼為嗣。自此，陳氏的第八世兄弟三人，長支、三支皆絕，只剩下了陳昌期一支。

冠蓋如雲

單說陳昌期一支。陳昌期原配李氏，多病早逝。陳昌期又娶了張氏夫人，還有兩位副室，一位是程氏，一位是王氏。李氏夫人死得早，沒有留下兒女。張氏夫人總共生了十個兒女，其中六個兒子，四個女兒。副室王氏沒有兒女，程氏生了兩個兒子，一個女兒。這樣，陳昌期有八個兒子，五個女兒，總共十三個子女。八個兒子依次為廷敬、廷繼、廷藎、廷愫、廷扆、廷統、廷弼、廷翰。昆季八人，陳廷敬高中翰林，官至文淵閣大學士兼吏部尚書，成為國家的柱石之臣。其餘的七個兄弟中間有一個舉人、五個貢生和一個廩生。

明清時期的讀書人首先要考秀才，考選秀才是三年舉行一次，由朝廷派到各省的學政主持。秀才的正式名稱叫生員，考中秀才稱為進學。生員還要進行歲、科兩試，考試中成績特別好的可以享受食廩的待遇，就是由國家給以膳食。所謂廩就是國家的倉庫，食廩就是說可以享受國家倉庫裡的糧食。考選府、州、縣生員，特別優秀者送到太學肄業，叫做貢生。太學就是國子監，國子監是封建時代國家的最高學府。所謂貢，就是指地方向朝廷推舉人才。貢生主要有五種，稱為五貢。第一種，每年由府、州、縣選送廩生入京都國子監繼續深造，稱為歲貢。第二種，凡遇皇帝登極或其他慶典，要頒布恩詔對讀書人加恩，除歲貢外再加選一次，選出來的貢生稱為恩貢。第三種，每三年各省學政於府、州、縣在學生員中選拔文行俱優者，與督撫會考核定數名，貢入京師國子監，稱為優貢，經朝考合格後可任職。第四種，在鄉試中備取的列入副榜，得入太學肄業，稱為副貢。第五種是拔貢，是貢生裡面級別最高的一種。拔貢不是年年考，在清初是六年考一次，再後面是十二年考一次。因為考的次數少，所以考中拔貢的機會就少得多了。考選出來的優秀人才要進貢到朝廷，由朝廷再舉辦考試，稱為朝考。朝考的成績分為三等。第一等是拔貢裡成績最好的，可以任命為七品京官，在京城供職；第二等可以任命為七品知縣，是地方官；第三等可以到地方上去做學官，就是專管教育和生員的官員，即縣裡的教諭、訓導，州裡的學政，府裡的教授，等等。等級更下者罷歸，叫做廢貢。

秀才要再到省城參加鄉試考取舉人。鄉試是朝廷統一組織的考試，三年舉行一次，錄取名額有限，鄉試錄取者就成為舉人。有了舉人的資格才能到京城參加禮部舉行的會試和皇帝主持的殿試，被錄取者成為進士，才有資格進入仕途。

陳廷敬的七個兄弟都有功名，雖然功名並不是太高，大多是秀才序列的，但我們也不能小看。秀才也是三年考一次，而且錄取名額有限，大縣不過二十個人，小縣甚至僅幾個人。考中秀才並不容易，考上貢生就更不容易了。他們兄弟幾個雖然不能像陳廷敬、陳元那樣高中進士，入選翰林，但他們都有功名，可以說也不簡單。

陳廷敬是陳昌期的長子，陳廷敬的二弟叫陳廷繼。陳昌期的三弟陳昌齊早逝，沒有兒子，陳昌期有了第二個兒子陳廷繼以後，就把他過繼到了他的三弟陳昌齊的名下，繼承了陳昌齊的這一支血統。所以陳昌期把他取名為陳廷繼，繼就是繼統的意思。

陳廷繼，字孝章，號綿齋。他是陳昌期的副室程氏所生，康熙壬子年（一六七二年）的拔貢，在貢生裡級別最高。經過朝考之後考取第三等，授永寧州（今山西省呂梁市離石區）學正。學正是州裡的學官，掌管一州的教育。後來，陳廷繼又升為國子監學錄。國子監是中國封建時代的教育管理機關和最高學府。學錄是國子監所屬學官，掌執行學規，協助博士教學。陳廷繼為人謙謹公正，以培養人才為己任，受人敬重。後來陳廷繼又候補了行人司的司副。行人司是一個掌管朝廷傳旨、冊封等事務的官府，司副是副長官。但陳廷繼未去上任，辭官回家了。因為他們弟兄幾個都在外面做官，父親陳昌期已經年老，所以他回家奉養父親，料理家務。陳廷繼生性耿直，樸實無華，篤於孝行。他的家族是官宦之家，富甲一方，但他並沒有貴公子的那種紈絝習氣。史書上記載他「奉親則定省勤劬，任事則條分縷析。屏於紛華，絕無紈綺之習。間出課耕，則布袍駑乘，一蒼頭控之。行道上，遇者不知為貴公子也」（同治《陽城縣誌》卷十一〈陳廷繼傳〉）。意思是說，陳廷繼奉養父親則早晚問安，任職理事則有條不紊。遠離奢華，絕沒有紈絝子弟的習氣。有時候到田間去督促耕種，穿著布衣布袍，騎著劣馬，一個僕人跟著。在路上遇到他的人，都不知道他是一個富貴家的公子。陳廷繼生於清順治元年（一六四四年）五月初四，卒於清康熙二十八年（一六八九年）五月十六，終年四十六歲。在陳氏兄弟中，他是第三個比較短命的人。他長於文學，喜歡寫詩，著有《綿齋詩稿》、《世德堂遺稿》。

陳廷敬的三弟叫陳廷藎，字遜斯，他考中了州學的廩生，能夠享受食廩的待遇，在秀才這個系列裡級別也是比較高的。但他二十一歲就去世了，是陳氏兄弟中活得年齡最小的。

陳廷敬的四弟叫陳廷愫，字素心，號梅莊，一號梅嵁（ㄎㄢ）。清康熙年間恩貢，就是朝廷遇到喜慶事情以後加恩給讀書人，擴大名額錄取的貢生。他勇於任事，樂於助人，史書上記載他「凡撫孤濟急賑荒，莫不引為己任」（同治《陽城縣誌》卷十〈陳廷愫傳〉）。意思是說，凡是撫孤、救急、賑荒這樣的事，他都要當成自己應盡的責任。

陳廷愫在沒有做官的時候，當時的澤州官府經常向一些富戶勒索羊絨、狐皮之類財物，他就多次向上官請求，革除了這一項弊政。古時候，為了防備災荒，宣導在地方上創建義倉，豐年的時候大家都向義倉中捐納糧食，到荒年的時候再拿出來給大家食用。陳廷愫就拿自己的糧食創辦了朱子社倉，後來家鄉遇上荒年，老百姓依靠社倉得到了賑濟。

陳廷愫是恩貢，被吏部補選了府同知。府官的正職是知府，正四品。府同知是副職，正五品。陳廷愫有了正五品府同知的資格，但沒有府同知的實缺，改授河北省武安縣知縣，正七品。武安縣每年辦漕米，百姓負載糧米運送至黃河邊的船上，頗費時日，老百姓不堪其累。陳廷愫令戶房的胥吏帶著銀子到黃河岸邊買糧米交付漕運，老百姓就方便多了，減少了很多麻煩。武安縣的老百姓健訟好鬥，陳廷愫多方開導，民風有了很大的改變。陳廷愫在武安縣任上十分清廉，深得民心。在陳廷愫之前有一個知縣姓耿，是一位不貪錢做好事的官員。耿知縣離任後陳廷愫上任，也是一位不貪錢做好事的官員。老百姓非常高興，當時就傳開這麼一句民謠，說「耿青天後陳青天」。古代的老百姓把好官稱為青天大老爺，能為老百姓辦事、謀利益的官員就是青天。耿青天後陳青天，是說耿青天走後又來了一個陳青天，可見他二人在老百姓心中的分量。陳廷愫離任之後，老百姓建了生祠紀念他，祠的名稱叫「一錢亭」，意思是說陳廷愫是不貪一錢的清官。

陳廷愫在武安縣任滿之後就辭官回鄉隱居了。他在中道莊的附近修建了一座別墅，名叫梅莊，頗具園亭之勝。昔人云：「梅莊居午亭之西，碧檻朱欄，回廊復閣，掩映茂林修竹之間，朝煙暮靄，蒼翠迷離，不啻蓬壺閬苑也。」梅莊成為「皇城古八景」之一，叫「梅莊杏花」。

陳廷愫生於清順治五年（一六四八年）二月十九，卒於清康熙五十七年（一七一八年）二月十七，終年七十一歲。陳廷愫工鐘繇、王羲之小楷。著有《南遊草》、《歸田詩錄》、《梅嵁遺稿》、《梅莊唱和集》。

陳廷敬的五弟叫陳廷扆，字六箴，號西墅，是陳昌期的副室程氏所生，康熙年間歲貢生。陳廷扆初任太原府訓導，訓導是學官。他在任修復學舍，督促生徒，教育成績突出。太原知府對他非常欣賞，把他的做法作為典範向太原府的二十七個學所推廣。陳廷扆繼補平陽府訓導，又調任廣東欽州僉判。僉判的職責是協助州長官處理政務及文書案牘，從七品。在此期間，陳廷扆先後代理了永安、西寧、新興、和平幾個縣的知縣，並有政聲。不久，他升湖廣鄖陽府（治所在今湖北省十堰市鄖陽區）通判。通判職責是分掌糧運及農田水利等事務，正六品。鄖陽府為「楚北重鎮，艱於轉餉」，各個屬縣運糧餉要經過漢水到達長江，其間頗多險阻。陳廷辰請折價採買，這樣既省了裝運的麻煩，又避開了漢水到長江的江濤之險，軍民稱便。

陳廷辰在鄖陽府的職務是通判，由於知府空缺，他代理鄖陽知府。在此期間，他挖修管道，澆灌民田三千餘頃，為老百姓造了福。陳廷辰善決疑獄。鄖陽府下轄興國州，興國州有一件久懸不決的疑案，知州因此而罷官。後來讓陳廷辰去審訊這個案子，陳廷辰經過一次審訊，立即辨明。

陳廷辰後來被升為廣東羅定州知州，正五品。羅定州是一個直隸州，就是省直管的州。他到任後，百廢俱興，做了很多好事，老百姓到處稱頌他的恩德。後來，其弟陳廷弼任參議，參議就是道臺，管轄羅定州。古代的官吏制度，有親戚關係的人不能成為上下級關係。他是羅定州的知州，他的兄弟是管羅定州的道臺，按制度級別低的官員必須回避。所以陳廷辰循例引避，辭官回家，在途經興安時病卒。

陳廷辰生於清順治七年（一六五〇年）八月初一，卒於清康熙四十九年（一七一〇年）九月十三，終年六十一歲。陳廷辰長於文學，著有《梅庵遺稿》、《自怡草》、《信口吟》、《北上怡怡草》。

陳廷敬的六弟陳廷統，字與可，號莘野，一號秋崖。清康熙年間歲貢，初授四川成都府通判，正六品。內轉大理寺副。大理寺是一個司法機構，與刑部、都察院為三法司，會同處理重大的司法案件。大理寺副是大理寺的中下層官員。不久，陳廷統升為刑部郎中。各部皆設郎中，分掌各司事務，為尚書、侍郎之下的高級官員，五品。後來，陳廷統被提拔為湖廣的辰（辰州府）沅（沅州府）靖（靖州）道，即道臺，四品。道臺衙門設在湖南辰州的鎮筸城中。他在任道臺期間，鎮筸城爆發了一次起義事件。

當時紅苗起義，有眾數萬人，鎮筸城中的富戶某甲與紅苗暗通，約為內應。鎮筸城中兵不滿數千，「皆老稚不可用」。史書這樣記載：「事起倉促，武士皆股慄，不知所為。」（同治《陽城縣誌》卷十〈陳廷統傳〉）意思是說，事情太突然了，武將們皆大腿顫抖，不知道該怎麼辦。陳廷統作為一個文官，遇到這種情況，便站出來從容指揮，和這些苗民講道理，勸說苗民安靜下來，不要造反。他得知城裡的富戶某甲暗自與苗民勾結，就把這個人抓起來殺了，懸首於城上。紅苗本來以某甲為內應，看到失去內應，只好退去。陳廷統派兵尾追，得勝而歸。史書記載說：「師旋，市井宴然，若不知有兵革者。」（光緒《山西通志》卷一百五十〈仕實錄六・陳廷統傳〉）意思是說，追兵凱旋，市面上很安靜，好像不知道發生過戰鬥。陳廷統雖是文官，卻有膽略，臨事不慌，處變不驚。

不久，陳廷統改任福建延（延平府）建（建寧府）邵（邵武府）道。延平府「素稱繁劇」，廷統「剔厘奸弊，寬恤人民」，史書記載他「為政不務苛細，臨大事有高識遠略，所任皆稱治」（同治《陽城縣誌》卷十〈陳廷統傳〉）。意思是說陳廷統處理政務，不苛求細枝末節，遇到大事有遠見，任職之地處處稱頌他的政績。

後來，陳廷統因偶有過失，「以吏議去，士民歎頌，有攀援流涕者」。意思是說，因為處理政務上的一點過失，陳廷統被罷了官，士大夫和老百姓非常惋惜。在他離任的時候，老百姓攀著他的轎，流著眼淚不忍讓他離開，可見他在當地是為老百姓辦了好事的。不久，因為他有協助軍務的功勞補任陝西神木道，他沒有赴任，辭官歸里。陳廷統壯年離開官場，縱情於煙霞詩酒之間。

陳廷統生於清順治十一年（一六五四年）二月十七，卒於清康熙五十六年（一七一七年）十二月初五，終年六十二歲。著有《握蘭草》、《桑幹集》、《鎮簞邊防末議》等。

陳廷敬的七弟叫陳廷弼，字荀少，號厚齋，自幼聰明，從小跟著陳廷敬學習，喜讀《左傳》、《史記》，寫文章別出心裁。陳廷弼以歲貢生授湖廣臨湘縣知縣，在任清丈民田，革除積弊。後升任澧州（直隸州）知州。澧州原來多淫祀，祭祀神靈太多，加重了老百姓的負擔，陳廷弼根據國家頒布的祀典進行審核，把不必要的祭祀全部廢除了。

陳廷弼後被調到桂陽任知州。桂陽是一個苗民和瑤民聚居的地方，苗族和瑤族經常起義，陳廷弼就親自到山中與瑤民、苗民開誠布公地談話，說服他們，使苗民和瑤民心服口服，不再起義。不久，陳廷弼內升兵部職方司員外郎，百姓攀援流涕送之。

後來，陳廷弼又升任廣東糧驛巡道，管理廣東一省的糧食和驛站。在此之前，廣東省的糧米有多種攤派名目，老百姓不堪重負。陳廷弼到任後，把這些不合理的攤派全部革除。他又修建了三百多處糧倉，為國家儲備糧食。由樂昌到郴陽長達四百里的水路非常險要，常常造成覆舟慘劇，陳廷弼就著手治理這條水道，讓它成為坦途，不僅運送糧食方便，老百姓行船也大為便利。廣東的民田多半臨海，海水返潮的時候常常淹沒良田。陳廷弼就組織民眾築起長堤，把田地保護起來，老百姓得到了實惠，非常感激他。

陳廷弼生於清順治十五年（一六五八年）二月十四，卒於清康熙五十三年（一七一四年）三月初三，終年五十七歲。著有《澧陽清田錄》、《王屋山莊詩抄》。

陳廷敬的八弟叫陳廷翰，字公幹，號行麓，一號迂齋。他的功名是舉人。這是陳廷敬七個兄弟中間唯一的一個舉人，也是七個兄弟中間功名最高的一個。他考上舉人以後，又經朝廷考核，被錄取為揀選知縣。清代朝廷命官的正途，只有考上進士才能成為正式的朝廷官員，舉人一般情況下是沒有資格做官的。但是只要有了舉人的資格，如果三次考不上進士，就可以由吏部透過考核授官，挑選的標準主要是看相貌。陳廷翰相貌好，又有舉人的資格，幾次考試沒有考中進士，就被朝廷錄取為揀選知縣。他有了做知縣這個資格，但沒來得及補上實缺，僅三十四歲就去世了。

陳廷敬的七個兄弟中，兩個早逝，留下了五個兄弟，這五個兄弟都有功名。因為他們的名字裡面都有一個「廷」字，而且這五個人都做了官，所以說他們像芝草那樣茂盛，像蘭草那樣芳香，後人就把他的五個兄弟稱為「陳氏五廷」，分別是二弟陳廷繼、四弟陳廷愫、五弟陳廷扆、六弟陳廷統、七弟陳廷弼。

陳氏兄弟這麼多人做官，可謂是冠蓋如雲。「冠」指官員戴的帽子，「蓋」指官員所乘車的車蓋，用「冠蓋如雲」形容陳氏家族當時的盛況真是恰如其分。

雍正年間任文華殿大學士兼吏部尚書的陽城人田從典，與陳氏家族有通家之好，他在《嶢山集》中曾說過：「陳為高都甲族，簪纓累葉，至本朝而愈大。文貞公以詞林起家，歷官清要，入秉枋軸者垂十年。文章功業之盛，軼後超前，為我朝名宰輔。同懷諸弟，皆能奮起於功名，大至監司，小亦不下州縣之宰。家門煊赫，事業彪炳。嗚呼，可謂盛矣！」

百鶴來翔

陳廷敬在順治十五年（一六五八年）考中進士，被順治皇帝欽點為翰林，進入庶常館學習，並且每次考試皆名列榜首，常常受到皇帝的表揚。散館之後，在翰林院編修書籍。由於他精通經史，文采優長，所以在仕途上逐漸步入佳境。康熙八年（一六六九年），陳廷敬升任國子監司業。

國子監是國家的最高學府，司業為國子監的副長官。康熙十年（一六七一年），他升為侍講學士，後轉侍讀學士。康熙十一年（一六七二年），充日講起居注官。日講起居注官的職責是為皇帝講解儒經，記錄皇帝的日常活動。這時，他能夠經常接近皇帝，成為皇帝身邊的近臣。康熙十四年（一六七五年），陳廷敬升詹事府詹事。詹事府詹事，正三品，是詹事府的最高長官，主要職責是掌管皇后、太子的家事。康熙十五年（一六七六年），陳廷敬升內閣學士兼禮部侍郎，充經筵講官。禮部侍郎是禮部的副長官。經筵是為帝王講論經史而特設的御前講席。經筵講官是兼職，職責是為皇帝講解儒經。康熙十六年（一六七七年），陳廷敬轉翰林院掌院學士。翰林院掌院學士是翰林院的最高長官。翰林院是國家的人文薈萃之地，翰林院掌院學士是文人學士的領袖，沒有很高的學問和威望則不能擔當此職。

康熙十七年（一六七八年）三月，陳廷敬奉命入直南書房，這是陳廷敬宦途中的一次重要轉折。南書房表面是康熙皇帝讀書學習、研究經史的書房，實際是為進一步集中皇權而設置的機密中心。到南書房行走的大臣，不一定官位高，但既要學問好、文采好，德才兼備，又必須是皇帝信任的心腹大臣。到南書房行走的大臣都是兼職，他們有自己的專職，辦完公事就到南書房值班。他們和皇帝討論經史，和皇帝詩酒唱和，同時還要為皇帝出謀劃策，幫助皇帝定奪機密大事，起草機密上諭。上諭就是聖旨。南書房大臣這個職務非常重要，能夠左右朝廷大事。所以在當時人們的心目中，南書房大臣就相當於宰相。陳廷敬當時還只是一個正三品官，就成為南書房大臣，標誌著他已經成為康熙皇帝決策集團的重要成員。

就在陳廷敬仕途得意、平步青雲的時候，他母親逝世的噩耗傳到了京城。康熙十七年（一六七八年）十月二十九，陳廷敬之母張氏夫人病逝，終年五十九歲。張氏出身於沁水縣的世宦之家，名門閨秀，知書達禮，從小熟讀「四書」、《資治通鑑》及《列女傳》諸書，皆能通曉大義，並且善於治家，對待親戚鄉鄰皆有禮法，對待下人寬嚴適中，對待長輩恭敬孝順。她的婆母范氏年高寡居，生活起居都是張氏親自照顧。

張氏生於明萬曆四十八年（一六二〇年），比她的丈夫陳昌期小十二歲。陳昌期一共有八個兒子，五個女兒，其中有兩個兒子和一個女兒是副室程氏所生，其餘的六個兒子、四個女兒都是張氏所生。張氏共生了十個子女。她生性勤勞，每次分娩後三日即起，操持家務。陳昌期為人性格剛正嚴肅，即使是盛夏酷暑，也穿戴整齊，正襟端坐，張氏也是不苟言笑。夫妻二人平時相敬如賓，他們在一起所談論話題，都是古代的忠孝義烈之事。

張氏從小熟讀聖賢之書，崇尚儒學，絕不相信神仙鬼怪之事，所以她的家中，歷來禁止僧道尼巫等人出入。平時家政稍有餘暇，即取出書籍，憑幾誦讀，夜深方寢。張氏非常注重對子女的教育。陳廷敬進京考試，考取翰林之後，進入庶常館學習，不能回家。張氏就在此時到京城探望兒子。在京城住了一段時間，要返回老家，臨行之時，她把陳廷敬未做官時所穿的舊衣服打點起來，準備帶回老家去。因為陳廷敬做了官，穿了官服，用不著以前的舊衣服了。這時，她對陳廷敬說：「識之！願兒無忘布衣時也。」意思是說：記住吧！但願你不要忘記當平民百姓的時候。這是教育陳廷敬，要保持做平民時艱苦樸素的本色。

康熙元年（一六六二年），張氏病重，陳廷敬請假回家探病。張氏病癒之後，陳廷敬要辭家赴京，這時張氏對陳廷敬說：「汝往哉！吾為汝娶婦嫁女，治裝具，給資斧焉，慎毋愛官家一錢。」意思是說：你走吧！我為你的兒子娶媳婦，為你出嫁閨女，給你準備行裝，供給路費，但你一定要謹慎，不要貪圖國家的一文錢。教育陳廷敬要做清官，不要做貪官。

陳廷敬在京做官，他的父親每有書信來，張氏都要在後面親筆附上幾句話，勉勵陳廷敬勤謹奉職。她說：「吾兒已致身，所宜忘家為國。吾兩人猶壯盛，萬勿以為念。」（陳廷敬：《午亭文編》卷四十六）意思是說：我兒已經成為朝廷的人，應該忘記家庭，一心為國。我二人的身體很好，你千萬不要掛念。這是教育陳廷敬忘家為國，一心奉公。

從這些事例可以看出，張氏對於婆母來說是一位不可多得的賢媳，對於丈夫來說是一位難能可貴的賢妻，對於兒子來說是一位名副其實的良母。陳廷敬居官清廉勤慎，和張氏對他的教誨是分不開的。

當陳廷敬母親逝世的噩耗傳到京師，陳廷敬痛不欲生，立即含淚上奏朝廷，要回籍奔喪。康熙皇帝接到奏章，派遣內閣學士屯泰、翰林院掌院學士喇沙里兩位滿族大臣，帶著御賜的乳茶桐酒四器（瓶），到陳廷敬府中慰問，並傳御旨，要陳廷敬節哀自愛。

陳廷敬感激涕零，跪接了皇帝賞賜的乳茶桐酒，三呼萬歲，叩拜天恩。這件事看起來很普通，實際上是康熙皇帝對陳廷敬的一個特殊恩典。在此之前，只有為清朝打江山打天下的開國功臣遇到喪事，才能享有這種恩典，而這類打江山打天下的大臣，都是滿族和蒙古族人，漢族大臣從來沒有人享受過這樣的殊榮。可是到了陳廷敬這裡，康熙皇帝特地為他開了先例。康熙皇帝在陳廷敬身上開了很多先例，這是其中之一。

然後，禮部要商議對陳母張氏的優恤。清代制度，對大臣妻子、母親、祖母、曾祖母要根據大臣本人的官階，進行封贈，活著的要加封，死去的要追贈。一品官封贈一品夫人，二品官封贈夫人，三品官封贈淑人，四品官封贈恭人，五品官封贈宜人，六品官封贈安人，七品官封贈孺人。一品官封贈三代，二、三品官封贈二代，四品至七品官封贈一代，以下只封本身。

陳廷敬在康熙十四年（一六七五年）的時候，升任詹事府詹事，是三品官，他母親張氏被封為淑人。按規定只有以學士品級所封，才能得到朝廷的祭葬。張氏是以陳廷敬任詹事時所封，不得祭葬。禮部按這個規定上奏，陳母不得優恤。這時，康熙皇帝又要為陳廷敬開先例。他說：「廷敬侍從勤勞，其母准以學士品級賜恤。」（陳廷敬：《午亭文編》卷四十三）於是陳廷敬的母親獲得朝廷祭葬的待遇。張氏後來也被追贈為一品誥命夫人，那就是後話了。

陳廷敬回到家中，為他母親在樊山之巔選好墓址。康熙十八年（一六七九年）秋，就在陳廷敬母親出殯的這一天午時，出現了一件十分奇異的事情。突然有白鶴數百隻，自西而來，飛到墓地的上空，從容地盤旋飛翔，鳴叫之聲十分動聽，很久很久才離去。陳廷敬記下了當時的景象：「有鶴來萃，翔於雲際，自西而東，盤旋容裔，翯（ㄏㄜˋ）羽繽紛，若雪若雲，鳴唳寥亮，如奏笙琴。」（陳廷敬：《百鶴阡記》）當時在場的人很多，看到這種現象都非常驚異，因為在山西、河南、河北這一帶從來都沒聽說有鶴，這一天忽然飛來了鶴，而且又如此之多，能不讓人感到驚異嗎？

鶴素稱仙鶴，是吉祥之鳥，陳廷敬不由得想起來一個典故。晉代有一位名臣叫陶侃，立過很多功勞，官至極品，他的母親湛氏是一位有名的賢母。陶侃家窮，他開初在縣裡當一個小吏，監管魚肉，他就取了一壇鹹魚派人送給母親。陶母看了知道這是官物，於是就將這一壇鹹魚封好退還，並寫信指責陶侃說：「你身為縣吏，盜用官物來孝敬我，這樣做不但對我無益，反而讓我對你的做法感到不安，增加了我的憂慮。」陶侃看了信，深受震撼。後來他官做大了，時時記著母親的教訓，有奉送禮物者，都要問清禮物從何而來。如果來路正當，即使禮物微賤也很高興，給對方的賞賜要超過所送原物的數倍；如果來路不正，是不義之物，他就要對送禮者嚴加訓斥，退還原物。由此可見，一位母親對兒子具有多麼大的影響力。陶母是賢母，能教育兒子成為名臣。傳說陶母死後，陶侃居於墓下守孝，有兩位客人來弔唁，不哭而退，化為兩隻仙鶴，沖天而去。所以就留下了一個典故，人們自此把弔唁雅稱為「鶴吊」。

陳廷敬想，陶母是賢母，死後有二鶴來吊，而自己的母親死後有百鶴來翔，可見自己的母親更賢於陶母。但是陶侃在母親的培養下成為晉代的名臣，而自己卻無所作為，與賢人君子相比望塵莫及，深以為自恨。所以他把母親的墓地取名為百鶴阡，用來銘記自己內心的慚愧和紀念自己母親的賢德，並賦詩曰：

臨水登山秋氣清，仙禽遙集若為情。青田養就雲初白，華表來時月正明。北戒關河行處遠，南條煙水接天平。摩崖駐嶺回翔地，百鶴新阡送美名。

（陳廷敬：《午亭文編》卷十二）

天恩世德

在陳廷敬母親去世的康熙十七年（一六七八年），陳氏家族正發展到最佳時期，與旺發達，如日中天。陳廷敬的父親陳昌期，拔貢出身。拔貢是秀才序列中級別最高的功名。考中秀才之後，每十二年，由提學使挑選成績優異的秀才，到京中參加朝考，然後根據考試成績授官。陳昌期被授予玉林衛教授，是掌管教育的官員，但他在家操持家政，沒有去上任。這一年他已經七十一歲，是年逾古稀的老人了，他回顧平生，撫今追昔，感慨良多。

他想到自己的兄長陳昌言，曾考中進士，在朝中為官；侄兒陳元、兒子陳廷敬又雙雙得中翰林，況陳廷敬已深得康熙皇帝的器重和信任，充任經筵講官、南書房大臣。經筵講官是為皇帝講解儒經的官員，南書房大臣則是參與皇帝機密大事的決策官員，這時的陳廷敬已經成為康熙皇帝身邊的近臣，進入了康熙皇帝的決策中心。另外，陳昌期的幾個兒子也都在外做官，大的做到四品道臺，小的也是七品縣令，簪纓滿堂，這是何等的恩遇與榮耀啊！所以陳昌期感慨地說：「嗚呼，吾祖德修於己，報施於天！」（陳昌期：《槐雲世蔭記》）意思是說，這是我的歷代祖宗修身養性，積累功德，上天才這樣回報於後人。

陳廷敬深深懂得老父的心思，於是寫下了「天恩世德」四個大字，刻成石匾，鑲嵌在中道莊城門之上。陳廷敬把陳氏家族的興旺發達歸結為兩層意思，一是「天恩」，二是「世德」。天恩是皇恩，陳氏兄弟桂宮聯捷，冠蓋如雲，都是皇帝的恩寵；世德是歷代祖宗的功德，是祖宗積仁積義，才能庇佑陳氏家族興旺發達，繁榮昌盛。

早在明崇禎十五年（一六四二年）陳氏家族修建中道莊城堡的時候，陳廷敬的伯父陳昌言題寫了「中道莊」三個大字的石匾，鑲嵌在城門之上。這時陳廷敬所寫的「天恩世德」石匾，就鑲嵌在「中道莊」石匾的上方，他伯父所寫的「中道莊」三個字反而落到下面。乍看起來，好像不合情理，伯父的字放在下面，侄兒的字放在上面，這是為什麼呢？這是因為「天恩世德」四個字的內容所決定的。這裡的「天」是代表皇帝，皇帝是至高無上的；同時這裡的「世」代表祖宗，祖宗的地位僅次於皇帝。皇帝為大，祖宗為大，所以這塊匾必須要放在「中道莊」匾的上方。又因為「中道莊」三字是陳廷敬的伯父所寫，陳廷敬雖然官階比他伯父的品級高，但他是小輩，他的名字怎麼也不能放在長輩名字的上面。所以陳廷敬為了解決這個問題，採取了變通的辦法，在落款時只寫了時間——康熙十八年，沒有寫自己的名字。這樣既突出了皇帝和祖宗的地位，又不影響對伯父的尊重。

「天恩世德」四個字是陳廷敬為陳氏家族定下的基調，它所反映的內容，成為陳氏家族一貫宣揚的主題。康熙三十六年（一六九七年），陳廷敬的第二子陳豫朋、第三子陳壯履都已經考中進士，並且入選翰林。陳氏家族為了表彰他們光宗耀祖的成就，修建了塚宰總憲牌坊。塚宰總憲牌坊位於中道莊內，牌坊為三門，中門的題額為「塚宰總憲」。「塚宰總憲」，表示陳廷敬所任過的重要官職。塚宰，是吏部尚書的古稱。當時陳廷敬還沒有成為文淵閣大學士，最高官職是吏部尚書。

陳廷敬曾經做過吏部、戶部、刑部、工部四部尚書，為什麼偏偏只突出吏部尚書這個官職呢?因為朝廷六部的排列順序是吏、戶、禮、兵、刑、工，各部又分別與天、地、春、夏、秋、冬相配，再加上各部尚書的古稱，這樣六部尚書依次就是吏部天官大塚宰、戶部地官大司徒、禮部春官大宗伯、兵部夏官大司馬、刑部秋官大司寇、工部冬官大司空。吏部為六部之首，與天相配，吏部尚書被稱為吏部天官，又稱為大塚宰，比其他各部的位置都重要。

陳廷敬還當過左都御史，左都御史是都察院的最高長官。總憲是左都御史的古稱。因為都察院在漢代稱為御史府，東漢時又改為憲臺，所以明清時期稱都察院左都御史為總憲。左都御史官位不及六部尚書，品級也比六部尚書低，尚書是一品，左都御史是二品。但左都御史總理法紀，糾察百官，性質不同，地位顯要。所以在牌坊上特地用「塚宰」和「總憲」這兩個詞來標舉陳廷敬所做過的吏部尚書和左都御史這兩個官職的重要。

牌坊左右兩門的題額分別為「一門衍澤」、「五世承恩」。「衍」本來是形容水廣布長流，這裡引申為擴展延伸。

塚宰總憲牌坊

「澤」，是指祖先的德澤。意思是說陳氏祖先的德澤仍然在擴展和延伸，使他的後代仍然能享受到祖先的德澤。「承恩」是指蒙受皇恩。意思是說，陳氏上下五代都蒙受著浩蕩的皇恩。從陳廷敬算起，他的曾祖、祖父、父親和他本身以及他的兒子，這樣總共五代。

封建時代，朝廷為了表示對大臣的恩惠，要對大臣的上三代進行封贈，也就是將大臣本人的官階授予其曾祖父、祖父、父親。對上三代活著的人授官稱封，對死去的人授官稱贈。清朝規定，一、二品官封贈三代，三品以下封贈二代，六品以下封贈一代。陳廷敬是正一品官，當然要封贈上三代，所以他的曾祖父陳三樂、祖父陳經濟、父親陳昌期都得到了朝廷的封贈。陳廷敬的曾祖和祖父在他出生之前都已去世，只能贈官，而他的父親陳昌期活了八十五歲，所以他在生前享受了皇帝的誥封。陳廷敬的曾祖陳三樂，誥贈正一品光祿大夫、經筵講官、刑部尚書。光祿大夫是散階，標誌官階品級的高低。文官總共有四十二個階別，正一品級的光祿大夫是文官中最高的官階。他的祖父陳經濟，誥贈正一品光祿大夫、經筵講官、吏刑二部尚書、都察院掌院事左都御史。他的父親陳昌期，誥封正一品光祿大夫、經筵講官、吏刑二部尚書、都察院掌院事左都御史。

陳廷敬的上三代都是因為陳廷敬做了官而享受到相應的封贈。陳廷敬這一代和他的後代們就不一樣了，要靠自己的努力奮鬥考取功名，獲得官階。陳廷敬正是經過自己的勤勉努力，得到了正一品光祿大夫、經筵講官、吏戶刑工四部尚書、都察院掌院事左都御史諸職。陳廷敬的兄弟輩和陳廷敬的三個兒子，也都有功名。

在這座牌坊上，總共記載了陳氏五代的封贈、功名和官職情況，所以說是「五世承恩」。和前面的「天恩世德」連繫起來，這裡的「五世承恩」說的是「天恩」，「一門衍澤」說的是「世德」。這座牌坊所宣揚的主題，仍然是「天恩世德」四個字的意思，只是把這四個字的內容進一步具體化了。

後來到清雍正五年（一七二七年）的時候，陳廷敬的孫子陳師儉考中翰林，這時陳氏一共出了九個進士、六個翰林。當朝宰相文華殿大學士陽城人田從典，為陳氏家族題寫了一副楹聯：「德積一門九進士，恩榮三世六詞林。」

「恩榮三世六詞林」說的是「天恩」，「德積一門九進士」說的是「世德」，仍然緊扣「天恩世德」這個主題。

義行善舉

陳氏家族已成為方圓百里的富戶巨族，但陳氏並不是那種為富不仁的財主，歷代祖先做了很多積德行善的事情。

陳廷敬的曾祖父陳三樂就是一位遠近聞名的大善人，每遇到災荒年，他自己常常節食減用，盡力接濟飢民。他家門前有一棵大槐樹，他經常坐在大槐樹下，備下茶飯招待過路的行人。這一棵大槐樹，就像是他家接待客人的客廳，人們遇到為難的事情，到這裡來找他，他就會立即想法幫助解決，一定要讓對方滿意為止。即使是偶然有困難，一時不便，他也要想盡辦法滿足對方所求，不讓對方不歡而去。

史書記載：有一年臘月，陳三樂偶感風寒，發冷發熱，臥病在床。夜間，突然有一個人遇到急事，需要花錢，來向陳三樂告急。陳三樂正要起床給那人拿錢，他母親阻止說：「風太大，你正發燒，明早再給吧。」於是他又睡下了。但他在睡下之後，輾轉反側，不能入眠。他就委婉地對母親說：「人家遇到急事來求我，必然心急如焚，度刻如年；我沒有幫他解決問題，也正在為此事焦心，難以入睡。這樣雙方都不安寧，是為兩不安，不如早幫他解決了，雙方就都安心了。」他母親聽後覺得有道理，便同意了。於是他急忙起床，取出錢，贈給那位告急的人，笑著說：「這樣，我就可以安睡了。」陳三樂像這樣救人急難的事情多得舉不勝舉。

陳三樂死後，老百姓都說：「天不留公，吾儕如失慈父母！」後來陳廷敬的父親陳昌期專門寫了一篇文章《槐雲世蔭記》，歌頌陳三樂樂善好施的美德，並且表示要把這種風尚繼承下來，世代相傳。

陳廷敬的祖父陳經濟，也是一位樂善好施的人。在清代文人的一本筆記中記載了這樣一則故事：說是有一次，陳廷敬的祖父陳經濟得了一筆銀子，很高興。他睡在農村舊式的土炕上，就把這筆銀子放在土炕邊上的小洞裡，高興時就順手在炕洞裡把銀子拿出來，看一看，摸一摸。有一個陳家遠房後生，遊手好閒，慣於偷竊，他發現陳經濟把銀子放在土炕的炕洞裡，於是就時刻尋找機會下手。一天夜晚，陳經濟已經睡下了，他的夫人范氏尚未睡下，去外面上廁所，出去時虛掩著房門，並且吹滅了燈。陳家是富戶，但在這些小事上，都能看出他們平常節儉的習慣。就在這時，這個後生乘機悄悄摸了進來，到陳經濟的炕洞裡掏銀子。可是，陳經濟並沒有睡著，這後生一進門，陳經濟就發現了，但他不動聲色。等這後生掏出來銀子，陳經濟便一把抓住了他的手，點著燈一看，原來不是別人，正是那個本族後生。他很生氣，說：「你怎麼這麼不爭氣，幹這種丟人現眼的事呢？」然後，他放開手說：「拿去吧，把這銀子作為本錢，謀點正經事，以後再不准幹這種敗壞門風的事了。」這個後生千恩萬謝，拿著銀子走了。回去之後，果然改邪歸正，做起了正當營生。

到了陳廷敬父親陳昌期時，他治家謹嚴，勤儉節用，和他的先輩一樣，常以錢糧周濟族人和鄉親。每逢饑年，必拿出家裡的錢糧解救災荒，鄉人皆感其恩德。

陳昌期積德行善的名聲很大，傳得很遠。當時朝裡有一位大臣叫魏象樞（一六一七年至一六八七年），字環溪，號庸齋，山西蔚（ㄩ）州人（蔚州當時屬山西省，後劃入河北省，即今河北蔚縣），清世祖順治三年（一六四六年）中進士，累官至刑部尚書。魏象樞是清康熙年間著名的理學家，比陳廷敬大二十一歲，與陳廷敬既是山西同鄉，又是意氣相投的好友。魏象樞得知陳廷敬的父親陳昌期的義行善舉後，就寫了一首五律來歌頌，該詩收入魏象樞《寒松堂全集》，詩曰：

古道何能遣？高風尚在今。痌瘝原素念，桑梓況關心。盡飽仁人粟，爭傳義士吟。

貞瑁書不朽，遍滿太行陰。

「古道何能遘」：「古道」是指古代的道德風尚。「遘（ㄍㄡˋ）」，是遇到的意思。「高風尚在今」：「高風」指高尚的風義。這兩句話互文見義，意思是說，古代的高尚道德如何能夠遇到呢？高尚的風義就在今天出現了。

「痌瘝原素念」：「痌（ㄊㄨㄥ）瘝（ㄍㄨㄢ）」，指病痛、疾苦。「素念」，是指平素的心思、想法。「桑梓況關心」：「桑梓」，指鄉親父老。「況」，是副詞，當「正」字講。這兩句意思是說，鄉親的病痛是他平素的心念，鄉親的愁苦正是他最為關切的事情。

「盡飽仁人粟」：「仁人」，指有德行的人。「粟」，是穀子，也是糧食的通稱。爭傳義士吟：「義士」，指恪守大義的人。「吟」，是指詩歌、歌謠。這兩句意思是說，貧苦百姓都吃飽了仁者的糧食，爭相傳誦著感激義士的歌謠。

「貞瑁書不朽」：「貞瑁」，是指石刻碑銘。「不朽」是不磨滅、永存的意思。「遍滿太行陰」：「陰」本來是指山的北面，山南為陽，山北為陰，這裡是代指整個太行山，是以偏代全的用法。這兩句意思是說，這些感人的事蹟要刻在碑石上讓它永不磨滅，並且在太行山上到處流傳。

魏象樞的這首詩寫於清康熙十五年（一六七六年），是陳昌期賑濟飢民的真實紀錄。清康熙二十七年（一六八八年），陳昌期將祖上幾代人儲積的糧食數十萬石全部發放給鄉人，因此而保全生命的飢民不可勝計。與此同時，他又把鄉人歷年向他家借錢的債券全部當眾燒毀，共計錢數十萬緡。

鄉里的百姓得到好處，心懷感激，大家就聯合起來，共同請求官府，希望地方官員逐級上報，奏請朝廷，對陳昌期的義行善舉進行旌表。陳昌期知道了，他想，自己行善的目的是為什麼，難道是為了獲得朝廷表彰嗎？他的義行善舉如果只是為了獲得朝廷表彰，那就是沽名釣譽，就失去了積德行善的本來意義。所以他得知鄉親們要奏報朝廷，就趕緊出來制止說：「何可乃爾？」意思是說，怎麼可以這麼辦呢？可是大家不聽，眾意不可挽回，堅持要請求官府上報朝廷，並且山西巡撫已經準備把請求旌表的公文上達禮部。

陳昌期見制止不了，就派人騎快馬用七晝夜的時間飛速馳往京師，命陳廷敬迅速出面阻止此事。當時陳廷敬已經是吏部尚書，他接到父親的書信，按照父親的意思立即具牒於禮部，要求禮部按下山西巡撫的公文，不要將此事上奏朝廷。禮部尚書感到陳昌期是出於一片誠心，說：「成長者志。」意思是說：既然老人家堅持要這樣，那就成全老人家的心願吧！於是停止向朝廷上奏。

這件事雖然沒有上奏朝廷，卻在京城不脛而走，到處傳頌。京官中能寫詩文者，上至王公大臣，下至翰林學士，紛紛吟詩作文歌詠此事，以為這樣可以勸化風俗，激勵世人。這些詩文後來集為一書，名曰《惠民錄》。鄉人為歌頌這件事，在交通大道上立碑紀念，接連數十里，達三十多處。在今晉城市城區曉莊附近還有一塊歌頌此事的碑，至今尚保存完好。

陳昌期積仁累義，樂善不倦。到了清康熙三十一年（一六九二年）七月十二，這一天是陳昌期的誕辰，他已經是八十五歲的高齡，風燭殘年。他又拿出家中所有的錢，換米數百石，周濟鄉人。自康熙二十七年（一六八八年）陳昌期賑濟鄉人之後，陳廷敬弟兄幾人的家中已經很貧困，但陳昌期並不放在心上，此時又盡其所有周濟鄉人。試問天下有傾其家財以濟人者嗎？沒有。都是以富餘的錢糧接濟別人。而陳昌期卻是傾其所有，這實在是古今難能之舉。

鄉里士民心裡感激，要為他建生祠，來紀念他的恩德，陳昌期不許。在陳昌期最後一次周濟鄉人十三天之後，即清康熙三十一年（一六九二年）的七月二十五，這位德高望重的老人去世了。他逝世之後，陳廷敬與諸兄弟商量，為了紀念陳昌期樂善好施的義舉，決定為他建立祠堂。這一年十月，陳廷敬兄弟在陳氏所居東山之麓修建了惠民祠，對父親一生的義行善舉予以永久的紀念。

陳昌期，明萬曆三十六年（一六〇八年）七月十二生，清康熙三十一年（一六九二年）七月二十五卒，終年八十五歲。陳昌期是順治十一年甲午科（一六五四年）拔貢生，以子廷敬貴，誥封正一品光祿大夫、經筵講官、吏刑二部尚書、左都御史。陳昌期的封階高貴至極，無比尊榮，而他善處鄉鄰，善待百姓，其高風亮節、義行善舉，有口皆碑，古今罕儔。

第三章

輔弼良臣

文壇泰斗

陳廷敬自幼善作詩文，九歲時就寫了著名的牡丹詩。考中進士，進入翰林院，那是一個人文薈萃的地方。當時京官中有一位文學家龔鼎孳，字孝升，號芝麓，安徽合肥人，累官至禮部尚書，工詩詞古文，與大文學家錢謙益、吳偉業並稱為「江左三大家」。龔鼎孳風雅好友，所以京城中的文人學士多集其門，作詩文之會。

在這些文人學士中有兩個人最著名：一個是汪琬、一個是王士禛。汪琬字苕文，號鈍庵，江蘇長洲（古縣名，在今蘇州市西南）人，順治十二年（一六五五年）進士，比陳廷敬大十五歲，先後任戶部主事、刑部郎中。王士禛，字子真，一字貽上，號阮亭，山東新城人，與陳廷敬是同榜進士，比陳廷敬大五歲。陳廷敬在殿試時被皇帝選中翰林，而王士禛落選，被分配到揚州做推官，後又調回京城，在禮部當主事。

王士禛和汪琬都比陳廷敬的年齡大，進入文壇比較早，已經有一定的名氣。汪琬以文著名，王士禛以詩著名。特別是汪琬，行輩較先，文名早著，儼然是古文領袖。他喜歡挑別人文章中的毛病，對別人的文章很少讚許。陳廷敬剛過二十歲，是這些人中最年輕的一位。龔鼎孳舉行詩會，他們都去參加，當汪琬初看到陳廷敬的詩，便大吃一驚，沒想到一個年輕後生，詩寫得如此清麗工整，當時就和王士禛說：「此公異人也。」王士禛雖然與陳廷敬是同榜進士，但他年長，又有詩名，原本並不真正看得起陳廷敬，聽了汪琬的稱讚，讀了陳廷敬的詩，不得不佩服，不得不讚歎。當汪琬看了陳廷敬的古文，頓感出手不凡，嘖嘖稱讚，就又和大家說：「我固以為異人也。」（《翰林編修汪純翁墓誌銘》）意思是說：我本來就認為陳廷敬是不同尋常的人嘛！

陳廷敬的詩寫得好，但與王士禛的詩風並不一樣。王士禛提倡神韻說，要求寫詩必須境界清遠，語言含蓄，追求「不著一字，盡得風流」，其詩多寫個人情懷和日常瑣事，缺乏社會內容和真情實感。這是因為王士禛出身前明官宦之家，心中常有故國之思，懷念明朝，後來因為他做了清朝的官，不願意再流露懷念故國的感情，所以寫詩追求現實之外的美感。他的這種思想迎合了當時一大部分具有同樣思想的知識分子，在當時的詩人中形成了共鳴，他的詩也因此獲得較大的聲望。而陳廷敬則不同，他主張學杜，繼承了杜甫以來的現實主義詩歌傳統，主張反映社會現實，注重反映國家大事，所以他的詩歌唱出了時代的強音。無形之中，陳廷敬成了王士禛在詩壇上的勁敵，但是陳廷敬自始至終一直把王士禛視為最要好的朋友。

康熙十七年（一六七八年）正月，康熙皇帝問陳廷敬，在朝廷官員中，誰寫的詩最好？陳廷敬就推薦了王士禛。正月二十二，康熙皇帝傳旨，命陳廷敬領著王士禛到懋勤殿覲見，各自帶著近期的詩作進呈皇帝御覽。二人覲見之後，康熙皇帝開始翻看他們進呈的詩作。當皇帝看到陳廷敬的《賜石榴子恭紀》詩的時候，不禁念出聲來。這首詩是這樣寫的：

仙禁雲深簇仗低，午朝簾下報班齊。侍臣螽列名王右，使者曾過大夏西。安石種栽紅豆蔻，火珠光迸赤玻璃。風霜歷後含苞實，只有丹心老不迷。

（陳廷敬：《午亭文編》卷十）

這是陳廷敬在康熙十二年（一六七三年）寫的一首詩。當時外藩的郡王到北京來進貢，謁見皇帝，康熙皇帝設宴招待。陳廷敬當時是起居注官，任務是記載皇帝一天的活動，要在場陪侍皇帝。康熙皇帝就把宴席上的石榴子賜給陳廷敬，陳廷敬就寫下了這首詩。大意是說：在仙境一樣的深宮中，香煙繚繞，儀仗森嚴；午時上朝，宮門的珠簾下群臣站班整齊。侍奉皇帝的內臣早已排列在威儀顯赫的藩王旁邊；朝廷派遣的使者曾經遠到過大夏之西。石榴花鮮豔美麗如同紅色的豆蔻，石榴子光彩四射如同赤色的玻璃。經過深秋風吹霜打的石榴包果盈實，只有那石榴子像赤誠的丹心永不迷離。

康熙皇帝朗讀了這首詩，至最後兩句「風霜曆後含苞實，只有丹心老不迷」時，反覆誦讀多次，「玉音琅然」，清脆有聲，然後對陳廷敬的詩大加稱讚。

天色晚了，康熙皇帝要用晚膳，命陳廷敬領著王士禛到南書房，皇帝在南書房賜膳。等陳廷敬和王士禛用過膳之後，康熙皇帝命內侍送來兩道詩題，一題是《召見懋勤殿》，一題是《賜膳》。讓陳廷敬和王士禛二人分別賦兩首詩，實際上是要對王士禛考試，讓陳廷敬陪考。因為在康熙皇帝的心目中，陳廷敬的詩寫得最好，他出了同樣的題，看王士禛的詩與陳廷敬的相比究竟如何，並且命南書房大臣張英監考。

陳廷敬才思敏捷，很快寫好了兩首詩。《召見懋勤殿》是一首七律，《賜膳》是一首七絕。而王士禛本來詩思就不敏捷，又是一個部曹小官，初次見到皇帝，非常緊張，抓耳撓腮，半天竟寫不出一個字來。監考官張英心地誠厚，看見王士禛難以成稿，暗自為他著急，就自己代寫了兩首，撮成一個小紙團，悄悄放在王士禛的案頭，王士禛才得以完卷。一會兒卷紙交上來了，康熙帝看了王士禛的詩之後，笑著對張英說：「人言王某之詩豐神妙悟，何以整潔殊似卿筆？」意思是說，聽說王士禛的詩寫得豐潤有神，構思精妙，為什麼這詩整齊潔淨，看來特別像是你的手筆啊？張英連忙說：「王某詩人之筆，定當勝臣許多。」才勉強搪塞過去。這次考試的內情，陳廷敬並無記載，只記下了他自己寫的兩首詩，這是陳廷敬厚道，不願道人之短。清代禮親王昭槤在《嘯亭雜錄》

一書中記載了這件事的詳細情節。

王士禛是部曹小臣，能夠得見天顏是很榮幸的事，他高興地把呈給康熙皇帝看過的詩出了一個集子，命名曰《御覽集》。

因為陳廷敬的極力推薦，康熙皇帝授予王士禛翰林學士。翰林本來是通過殿試才能獲得，但康熙皇帝破格任命了王士禛。王士禛也因此被提升為侍講學士、侍讀學士，進而成為南書房大臣，後來官至刑部尚書。他能夠步入高位，進入九卿之列，全憑陳廷敬的鼎力舉薦。

再說汪琬。汪琬論文要求明於辭義，合乎經旨，提倡唐宋古文。其文簡潔嚴謹，善於敘事，堪稱一代文宗。他在順治十二年（一六五五年）中進士之後，授戶部主事，又升刑部郎中，因失誤降為兵馬司指揮。一代大文豪，做一個風塵小吏，辛苦不堪。但他不以官小位卑，多善政，離任時前來送別的老百姓擁滿了街巷。後來他託病，隱居於太湖旁邊的堯峰，讀書著述九年。康熙皇帝曾問陳廷敬：「今世誰能為古文？」陳廷敬就推薦了汪琬。

康熙十七年（一六七八年）正月，康熙皇帝下詔開博學鴻詞科。博學鴻詞科是科舉考試之外的特別考試，目的主要是籠絡明代遺民中不與清朝合作的知識分子，同時也為了進一步招攬沒有得到重用的飽學之士。汪琬本來考中了進士，又以古文著名，但未受重用，只好隱居山林，於是陳廷敬又一次舉薦了汪琬。

康熙十八年（一六七九年），汪琬到京城參加了博學鴻詞科考試，被評為一等，授翰林編修，參與編修《明史》。汪琬在史館中僅六十天，寫成列傳一百七十五篇，何其神速，不愧是文章高手。本來陳廷敬是《明史》總裁官，但陳廷敬因母親去世，於康熙十八年（一六七九年）正月回籍守孝，明史館由葉方藹任總裁。葉方藹是順治十六年（一六五九年）的探花，翰林院編修，官至刑部侍郎。葉方藹妒忌汪琬才高，所以汪琬備受葉方藹排擠。汪琬無法在明史館立足，就給陳廷敬寫了一封信，然後辭官回籍了。陳廷敬曾寫信勸汪琬不要輕易辭官，但無奈他遠在故鄉，鞭長莫及。

後人評價說：王士禛、汪琬「一為詩伯，一為文宗，而吹噓上送，名達天衢，實由先生（指陳廷敬）一言推轂，誠得以人事君之道矣」（張維屏：《國朝詩人征略》）。意思是說，王士禛、汪琬二人，一個是詩壇領袖，一個是文章宗師。為他們傳播名聲，使他們的名字上達天聽，都是陳廷敬一句話起了作用，這才真正是人臣侍奉君主的道理，肯定了陳廷敬為國家舉薦人才的功勞和美德。

陳廷敬是清代康熙年間的文學大家，在詩文創作上取得了很高的成就，前人早已有定論。紀曉嵐等四庫館臣在《四庫全書總目提要》中對陳廷敬評價說：「文章宿老，人望所歸，燕許大手，海內無異詞焉。」唐玄宗時名臣燕國公張說、許國公蘇頲，兩人皆以文章顯世，時號「燕許大手筆」。這裡說，陳廷敬是文壇的老前輩，享有很高的聲望，一致稱他是燕許大手筆，海內文人皆無異議。至於陳廷敬的詩文，與王士禛、汪琬相比較，紀曉嵐等四庫館臣說：陳廷敬與王士禛、汪琬「蹊徑雖殊而分途並騖，實能各自成家。其不肯步趨二人者，乃所以能方駕二人歟！」（《四庫全書總目提要》）意思是說，陳廷敬與王士禛、汪琬在文學上所走的道路不同，卻能並駕齊驅，可以各自成家。他不肯跟在這二人後面亦步亦趨，是他完全有能力與此二人比肩並駕。

王士禛也說：「自昔稱詩者，尚雄渾則鮮風調，擅神韻則乏豪健。二者交譏。唯今太宰說岩先生之詩，能去其二短，而兼其兩長。」（王士禛：《帶經堂集》卷九十二）意思是說，自古以來的詩人，提倡雄健渾厚的風格，則鮮少品格情調；擅長神采韻致的筆法，則缺乏豪邁勁健。這二者歷來互相譏諷。只有吏部尚書說岩（陳廷敬的號）先生的詩，能夠去二者之短，而同時兼有二者之長。這說明王士禛本人對陳廷敬的詩也是心悅誠服的。王士禛見到陳廷敬的自書詩卷，跋曰：「蓋漸老漸熟之候，而書法圓美蒼勁，姿態橫生，適與其詩相稱，真兩絕也。」（王士禛：《帶經堂集》卷九十二）對陳廷敬的書法也十分推崇。

清嘉慶、道光年間的大文學家李祖陶在《國朝文錄》中說：「阮亭詩勝而文未為大家，堯峰文雄而詩尚覺小樣。」意思是說，王士禛以詩歌取勝，但文章卻沒有成為大家；汪琬文章雄健，但詩歌卻顯得小家子氣。李祖陶接著把陳廷敬與王、汪二位比較，說：「今觀其詩，才調之勝固遜阮亭，而氣格之高，則阮亭實出其下；文唯碑誌法度未及堯峰之嚴謹，若他文之磊砢（ㄌㄨㄛ）雄奇、磅礴遒厚、鬱而能暢、幽而愈光，則往往壓堯峰而居其上。」認為陳廷敬的詩，才氣不及王士禛，但氣韻和格調之高，王士禛實在其下；陳廷敬的文章只有碑誌不如汪琬法度嚴謹，但其他文章雄奇厚重、明白曉暢，遠在汪琬之上。

近代著名學者鄧之誠說：「廷敬與王士禛、汪琬為友，而詩文各不相襲。詩名不及士禛，而功力深厚似過之。文摹歐曾，一變其鄉傅山、畢振姬西北之習，同時達官無能及之者。」（鄧之誠：《清詩紀事初編》卷六）清詩研究專家袁行雲先生指出，《四庫全書》將陳廷敬與王士禛、汪琬、朱彝尊、陳維崧、宋犖（ㄌㄨㄛ）置於同等，「是以大家相許也」（袁行雲：《清人詩集敘錄》卷十一）都肯定了陳廷敬的文學成就。陳廷敬的詩文作品特色鮮明，獨樹一幟，是清代文學史上與王士禛、汪琬鼎足而三的文壇泰斗。

奪席談經

自從漢代董仲舒提出「罷黜百家，獨尊儒術」之後，儒學思想占了正統地位，儒經成了讀書人的必修課程。在《後漢書》中記載了這樣一件事。大年初一，百官上朝，向皇帝禮賀。朝賀之後，皇帝下旨，讓群臣就儒經中的問題互相辯駁，在辯論中誰說的經義不通，就奪去他坐的席位，贈給精通的人。當時有一位官員名叫戴憑，精通儒經，一下就奪得了五十多個席位，聲名傳遍了京城內外。於是就有了「奪席」這個典故，後來就用「奪席」來形容在經學上特別有成就的人。陳廷敬從小就由他的母親張氏夫人口授儒學經典，到七歲時已於書無所不讀，過目不忘。不論是讀解經書，還是寫詩作文，樣樣出手不凡。家裡專門為他請了塾師，塾師看了他的情況，很驚訝，說：「子天下才也，吾不足師。」

（繆繼讓：《樊川先生小傳》）自認為水準低，不能充當陳廷敬的老師，只好辭館而去。

陳廷敬十四歲時到潞州去應童子試，學使是山東萊蕪的張四教。張四教看見陳廷敬年齡小，個子矮，很可愛，就把他留在自己坐的書案邊，讓他在堂上考試，考試的題目是寫兩篇文章。科舉考試所要考的是八股文，和普通的文章不一樣，是論述儒學經書中聖賢思想的論文，考八股文實際就是考經義，考對於儒學經典的理解程度。陳廷敬很快寫成了考試要求的兩篇文章，張四教看了，又給他出了三道題目，讓他再寫三篇文章。並且說：「能盡為之，吾且置子第一。」到了中午，陳廷敬的五篇文章皆已寫就。張四教大喜，歎奇才，置第一。然後說：「子文雖老宿不及，可遂應省試。」（繆繼讓：《樊川先生小傳》）意思是說：你寫的文章，即使是老秀才也達不到這種程度，可以去參加鄉試。

陳廷敬去參加鄉試的時候，有一位監考御史名叫劉達，看到陳廷敬年齡小，文章寫得不凡，就在陳廷敬交卷的時候把他叫住了，讓他坐下，出題考他對於經書的理解。陳廷敬章分句達，有條不紊，侃侃而談。劉達大驚，曰：「子，佗日人師也。科第何足盡子！」意思是說：你將來一定是人師啊，中舉人、中進士不足以發揮你的才華。劉達說對了，中舉人、中進士，確實不足以發揮陳廷敬的才華，陳廷敬是人師。但是劉達並沒有想到，陳廷敬不僅是人師，而且是一代帝王師。陳廷敬出場的時候，由於試院的門檻高，陳廷敬年齡小，跨越門檻很費力。劉達就命人把他抱出門檻，三場考試都是這樣。

第二年，張四教又來澤州考校秀才，又把陳廷敬留在堂上考試。陳廷敬的文章還沒有寫完，張四教就拿過來看，看後說：「子文益奇進。」順治十四年（一六五七年），陳廷敬參加省試，考官是會稽人唐賡堯，唐賡堯得讀陳廷敬之文，歎曰：「此正學也。」（繆繼讓：《樊川先生小傳》）所謂正學，就是符合儒家正統思想的文章。

清廷進入中原之後，順治皇帝仿效歷代帝王先例，專開經筵。經筵，是古代帝王為研讀經史而特設的御前講席，命學問淵博的儒臣為皇帝講解儒家經典。康熙皇帝自執掌朝政之後不久，即下詔重開經筵。康熙十一年（一六七二年），陳廷敬即被任命為日講起居注官。康熙十五年（一六七六年），陳廷敬又被任命為經筵講官，其主要職責就是為皇帝講授經書。

康熙皇帝為了從儒家經典中吸取營養，獲得治國的理論和謀略，對於經筵日講極為重視。在他開設經筵到去世的半個世紀裡，除因巡行、出征等偶然情況，從未停止過。陳廷敬既是經筵講官，又是南書房大臣，每天陪伴康熙皇帝，為康熙皇帝講解經書，與康熙皇帝探求學問。其間，他「侍從勤勞」，精益求精，在進講奏對之時，引經據典，敢於直言，反映出他淵博的學識和正直的人品。

康熙十六年（一六七七年）三月，康熙皇帝在陳廷敬等講畢後諭曰：「覽爾所進講章甚為精詳，實於學問政事大有裨益。」意思是說：看到你所呈進的講稿非常精詳，不論對於學問，還是對於處理政務，都有很大的好處。在進講時，康熙帝有時還要根據當時政事情況，有針對性地提出一些問題，這就使講筵諸臣獲得了闡發自己政治見解的機會，所以陳廷敬說：「每當玉音下詢，獲申奏對，因而講義之外，薄有敷陳。」（陳廷敬：《午亭文編》卷二十九）陳廷敬講筵奏對主要是向皇帝傳授治道，也就是儒家的帝王之學，做皇帝的學問，這對年輕的康熙皇帝來說至關重要。陳廷敬對皇帝的言行提出了要求，他告誡康熙帝，為帝王者必須居敬行簡，凡事慎之又慎。他說：「帝王以天下為家，一言之微，有前後左右之竊聽；一行之細，為子孫臣庶之隱憂。是以聖帝明王必慎乎此。」（陳廷敬：〈講筵奏對錄〉）意思是說：帝王要把天下作為自己的家。一言一行雖然微不足道，但是有前後左右的人在聽著，有子孫臣民在看著，所以聖帝明王對自己的言行必須十分謹慎。要求康熙皇帝嚴於律己，慎言慎行。

陳廷敬還說，帝王應該有「天覆地載之量，無一毫計功謀利之私」。人主「以至誠惻怛之心，為愛養斯民之政，初不計民之為我用也」。「所以得民心之道，唯在聖君賢臣朝夕講求以實心行實政。」「諫行言聽，膏澤下民。」（陳廷敬：《午亭文編》卷二十九）意思是說，作為帝王，應該具有宏大的器量，像天一樣，能夠無所不覆蓋；像地一樣，能夠無所不承載。要有為天下民眾謀利的公心，無一毫為自己計功謀利的私心。要有真誠的同情憐憫之心，實行愛養百姓的政治，一開始就不去計較百姓是不是為自己所用。能夠得到民心的方法，只有君臣從早到晚以真心實意去探討、實行講求實際的政治。聽從實行諫言，造福下層的百姓。陳廷敬借助進講經書，向康熙皇帝灌輸儒家的根本思想，對康熙皇帝逐漸成長為一位仁君起到了一定的作用。

康熙帝對陳廷敬等理學名臣所傳授的帝王之學讚賞不已，常常有感於心。康熙十七年（一六七八年）九月初五，陳廷敬進講《尚書》「啟乃心，沃朕心」一節，康熙皇帝說：「為上者實心聽納，以收明目達聰之益；為臣者實心獻替，以盡責難陳善之忠。然後主德進於光大，化理躋於隆平。」意思是說，作為君主，實心聽從採納大臣的意見，就能夠收到耳目聰明、聞見博廣、了解民情的效益；作為大臣，應該實心進獻正確意見，更正君主錯誤，以盡督責君主、陳說善道的忠心。這樣，君主的德行可以進一步光大，國家的教化和治理就可以達到昌盛太平。

康熙二十一年（一六八二年），三藩之亂平定不久，陳廷敬及時提醒康熙帝，要充分利用現在人心振奮、上下一心的機會，為清朝的世代基業制定長遠策略。康熙中期，清廷政治關係十分複雜，大學士明珠專權，君臣權力分配出現矛盾，在朝諸臣彼此之間鉤心鬥角，陳廷敬便旗幟鮮明地維護皇帝的權威。陳廷敬針對清廷內部權力紛爭，利用講筵奏對之機，提醒康熙帝注意小人問題，他說：「從來上之德意不能下究，民之疾苦不能上聞者，皆小人為之壅蔽於其間也。故貴解而去之。」（陳廷敬：〈講筵奏對錄〉）意思是說：自古以來，皇上的政策不能下達，百姓的疾苦不能上傳，都是因為有小人在中間作怪。所以重要的是除去小人。

他又說：「小人所以貪位固寵者，無所不至。又能形人之短，見己之長，能使人主信任而不疑，故得專權而肆其惡。」（陳廷敬：〈講筵奏對錄〉）意思是說：小人為了鞏固自己的地位，什麼辦法都能想出來，什麼事情都能做出來。又善於用別人的短處來襯托自己的長處，能使皇帝對其信任不疑，所以能夠專權，而為所欲為，隨意做壞事。又說：「小人讒害君子，不在大庭廣眾之際，而在於筵閒私語之時。使人主聽受其言而不覺，故聖人比之為莫夜之戎。唯聖明之主嚴約其端，則可以無此患也。」（陳廷敬：〈講筵奏對錄〉）意思是說：小人說壞話來陷害君子，不是在大庭廣眾之間，而是私下閒談之時，使皇帝聽從了他的話，卻毫無知覺，所以聖人把小人比作夜間突然偷襲的軍隊。只有聖明的君主嚴加約束，才能避免其禍。

陳廷敬關於君子小人的論述，引起了康熙帝的高度重視，他對陳廷敬說：「從來君子得志，猶能容小人；小人得志，必不肯容君子。」（陳廷敬：〈講筵奏對錄〉）陳廷敬在講筵上對康熙帝談君子小人問題，是指當時權焰最熾的大學士明珠及其黨羽。明珠之專擅營私，日漸猖獗，而這時徐乾學、高士奇等人和明珠之間的矛盾逐漸暴露出來，陳廷敬故借講學之機表明自己的立場，並建議康熙帝當機立斷，剪除權臣勢力。

康熙二十七年（一六八八年），康熙皇帝暗示，要剪除權臣明珠的勢力。徐乾學起草奏疏，以御史郭琇（ㄒㄧˋㄡ）的名義彈劾明珠，從而導致明珠權力的終結。而陳廷敬在政治鬥爭中，推崇君權，反對臣僚專擅營私的態度，反映了他正直敢言的本色和對皇帝的忠誠。

陳廷敬進講時，有關治國之道的帝王之學，對康熙皇帝的思想及施政產生了重大影響。概而言之，一是對其行為起了一定的制約作用，二是為其鞏固統治提供了豐富的歷史經驗，三是為其制定政策提供了理論依據。所有這些，對於將康熙皇帝造就成為一個成熟的政治家，對於清朝統治的鞏固和康乾盛世的到來都發揮了重要的作用。

陳廷敬後來升任文淵閣大學士。根據慣例，大臣一旦升任大學士，就不再擔任經筵講官。但是陳廷敬不一樣，康熙皇帝特別喜歡陳廷敬的講解，所以破例讓他繼續兼任經筵講官，這是異數，是特殊的恩遇。所以史書記載：「故事，大臣入內閣，不復侍經筵。兼之者，桐城、澤州二相也。」（雍正《山西通志》）意思是說，大臣入閣拜相之後，仍然兼任經筵講官的，只有兩個人，就是桐城、澤州二位大學士。桐城，是指安徽桐城人張英，澤州就是指陳廷敬。

陳廷敬本人對這件事也很感榮幸和自豪，他拜相之後，仍然兼任經筵講官，又一次給皇帝講解經書。進講之後，陳廷敬作《經筵紀事詩》，寫道：

牙籤一卷幾回開，近日新綸忝竊陪。好與詞林傳故事，白頭丹地講書來。

（陳廷敬：《午亭文編》卷十八）

好與詞林傳故事，就是說他入閣拜相之後，仍然兼任經筵講官，為皇帝講書，這件事將被傳為故事。事實上，這件事真的被傳為千秋美談了。陳廷敬經學思想深邃，對康熙皇帝的儒學修養和政治思想的形成產生了重大影響，成就了一代明君。

理學宗師

程朱理學，又稱道學，由北宋思想家周敦頤、程顥、程頤、張載等人創立，南宋思想家朱熹集其大成，最後形成了理論體系。理學是哲學，但更主要的是關於社會倫理道德的學問，是人的心地修養和人格完善的學問。

陳廷敬是清代康熙朝的理學大家，他曾自述其為學經歷，云：「吾學亦屢變矣。其始學詩，當其學詩，而見天下之學，無以加於詩矣；其繼學文，當其學文，而見天下之學無以加於文矣；其繼學道，及其學道，而見天下之學無以加於道矣。」（陳廷敬：《困學緒言》）指出自己求學的三個階段：第一階段是學詩，學詩時認為詩是天下最大的學問；第二階段是學文，學文時又認為文是天下最大的學問；第三階段是學道，道就是理學，學道時又認為理學是天下最大的學問。因此，他的學問最後歸結為理學。

理學是關於社會倫理道德的學問，能使人的自我修養達到最高境界，止於至善，因此陳廷敬認為理學是天下最大的學問。唐鑑在《國朝學案小識》記載：「先生童稚之年即知向慕正學，壯而愈篤，老而彌專。」所謂正學，就是純正的學問，就是指理學。程朱理學從宋代發展到明代，出現了很多流派，而在明代最能代表程朱思想的人物是薛瑄。薛瑄字德溫，號敬軒，謚文清，山西河津人。他是明代理學大師，創建了河東學派。陳廷敬的理學直接師承河津薛瑄，著有《困學緒言》。在理學史書《聖清淵源錄》中，將陳廷敬列為清代北學的代表人物，《國朝學案小識》則視之為守道名儒，肯定了陳廷敬在清代理學史上的地位。

宋代以來，理學家都十分注重講學，每天和門徒在一起講論理學的思想。而薛瑄則認為重在躬行，他說：「自考亭以還，斯道已大明，無煩著作，直須躬行耳。」（《明史》卷二百八十二）考亭是指朱熹。這句話意思是說，自從朱熹以來，理學的大道理都已經講明瞭，所以沒有必要再著書講學，只要自己親身實踐履行就可以了。陳廷敬繼承了薛瑄這一思想，對躬行高度重視。他說：「古人讀書，直是要將聖賢說話實體於身心。」、「與其言而不行，寧行而不言。」、「君子以身言，小人以舌言。故欲知其人，觀其行而已，言未可信也。」（陳廷敬：《困學緒言》）在陳廷敬看來，躬行的真正含義，就是按理學的要求，規範自己的行為。陳廷敬重視躬行，反對空談的學術主張，在清初特殊的歷史環境中，對於重建清朝社會倫理秩序、改善官僚政治風氣，具有十分重要的意義。

康熙皇帝十分注重程朱理學，而且重用理學大臣。但是理學有真理學與假理學之分，日常行事合乎倫理道德的理學家是真理學，日常行事不合乎倫理道德的理學家是假理學。真理學把理學作為人生理想的最高追求，而假理學則把理學作為換取高官厚祿的入場券。康熙皇帝曾經說：「道學者必在身體力行，見諸實事，非徒托之空言。今視漢官內務道學之名者甚多，考其究竟，言行皆背。」（《康熙起居注》）

康熙年間的理學名臣前有熊賜履，後有李光地，都和陳廷敬不同，他們都善於講學，善於高談闊論，所以很快就博得了康熙皇帝的歡心，升遷很快，備受寵信，結果都在個人利益面前因言行不一，醜行敗露，聲名狼藉。

熊賜履，字敬修，湖北孝感人。順治十五年（一六五八年）和陳廷敬同時中進士，同時被選為翰林院庶起士，同時授官為檢討。他和陳廷敬的資歷完全相同，就因為他高談理學得到康熙皇帝的器重。康熙十四年（一六七五年），就破格晉升為武英殿大學士兼刑部尚書，比陳廷敬升任大學士早二十八年，可見其升遷多麼迅速。但僅僅一年，他就醜行敗露而被罷官。

熊賜履到內閣後，和權相索額圖交結，互相照應。康熙十五年（一六七六年），陝西總督上了一道奏疏。一般的奏疏是先發到內閣，由大學士票擬。內閣就是大學士辦公的地方，票擬就是由大學士先根據奏疏的內容擬出處理意見，寫在一張特定的紙片上，這紙片稱為閣票，然後把閣票貼到奏疏上，進呈皇帝最後定奪。

陝西總督這一道奏章就分到了熊賜履手裡，熊賜履票擬意見時，不小心擬批錯了，康熙皇帝就拿出來，問是怎麼回事。次日五鼓，熊賜履早早來到內閣，叫中書拿來本章，然後讓中書退下。中書就是內閣中專門為大學士服務的祕書。中書退下之後，熊賜履找出自己批錯的那一本，把籤子撕下來，放入口中咀嚼，然後吞咽下肚。當時同朝大學士杜立德，是直隸寶坻人，被稱為寶坻相國。熊賜履把寶坻相國杜立德批的一本拿過來，把他的票簽裁下貼在自己這一本錯的上面，因為杜立德的批語不是針對他這一本的，所以他這一本仍然是錯的，但是卻換成了杜立德的筆跡。杜立德原先那一本上面沒有了票籤，熊賜履又重新作了票擬，放入自己的本章中。經過這樣移花接木之後，錯批的就不是他熊賜履，而變成了杜立德。

但是熊賜履萬萬沒有想到，這一天他來得早，有人比他更早。有一位學士是滿族人，叫覺羅沙麻，這一夜由於親戚家中有喪事，他去守夜。守夜之後，直接來內閣上班，見無人，就在南炕上躺著。熊賜履沒有注意到他，他卻把熊賜履的舉動看了個明白。

事發之後，熊賜履窘辱備至，只得承認錯誤。當時輿論大嘩，認為熊賜履借用講理學欺世盜名，進踞高位，妄圖嫁禍同官，性質惡劣，言行不一，是假道學。康熙皇帝下旨，讓吏部議處。吏部議熊賜履有失大臣體統，免去大學士職務。

李光地，字晉卿，福建安溪人。康熙九年（一六七〇年）中進士，選為庶起士，授編修。康熙十二年（一六七三年），李光地請求歸里省親。李光地歸里之後，平西王吳三桂在雲南發動叛亂，接著靖南王耿精忠在福建起兵叛亂，鎮南王尚之信也在廣東叛亂，一時間長江以南形勢險惡。福建的耿精忠為維繫其統治，多方收羅人才，強授官職。這時，福建侯官（今福州）人編修陳夢雷，與李光地是同榜進士，同官編修，因回鄉省親被逼授偽翰林院編修之職，夢雷不受，耿精忠怒，降其為戶部員外，陳夢雷託病不出與之周旋。正當此時，李光地來到省城福州，投見耿精忠，繼至陳夢雷家。陳夢雷對其輕率投耿精忠甚為憤慨，不願與見。後在陳夢雷之父的解勸下，兩人相見。陳夢雷將耿精忠的情況向李光地做了詳盡的介紹分析，李光地才明白自己投耿精忠投錯了。於是兩人商定，陳夢雷繼續留在福州做內應，離散逆黨，探聽消息。李光地藉口父病速歸，並遣人從山路將耿軍虛實速報朝廷。陳夢雷表示在耿精忠面前設法關照李光地全家安全，並以自己的「全家八口為保」。李光地以父病離福州歸安溪。五月，李光地向康熙皇帝密奏，詳細分析了耿精忠糧盡兵疲的形勢。但奏疏中卻隻字未提與陳夢雷共謀之事，更未聯名，只寫了他一個人的名字。因道途險阻，將奏疏封在蠟丸中，遣家人奔赴京師。康熙皇帝見到蠟丸疏之後，讚許備至，說：「編修李光地矢志忠貞，深為可嘉。」

康熙十五年（一六七六年）十月，清軍一舉收復福建。李光地因有功，康熙帝特下令額外升為侍讀學士。不久，李光地北上進京赴任。陳夢雷對李光地完全信任，李光地卻將獻蠟丸疏之事完全據為己有，閉口不談陳夢雷之功。就在李光地出任內閣學士，備受康熙帝寵信之時，陳夢雷卻被誣為反叛。陳夢雷從蒙蔽中清醒，看清了李光地的真面目。他悲憤至極，寫下了《告都城隍文》，揭露李光地背信棄義、貪功賣友的行為。九月，即李光地出任內閣學士的第二個月，陳夢雷被逮入獄，第二年被押解京師，下獄論斬。但因陳夢雷公開揭露李光地欺君賣友之事，早已在朝廷中引起強烈反響，許多人譴責李光地而同情陳夢雷。結果陳夢雷被免死，押離京師，踏上了流放的道路。儘管徐乾學已將陳夢雷所寫揭露李光地醜行的《絕交書》，呈進康熙皇帝，但這絲毫未影響康熙帝對李光地的信任，他的仕途可謂一帆風順，但他的偽詐面孔卻暴露無遺。

康熙三十三年（一六九四年），李光地母親病故，這時李光地任順天學政。本來父母去世之後，要離職回家守孝三年。但李光地貪戀官位，上疏請假九個月歸里治喪，得到了康熙皇帝的同意。當即被人抓住把柄，一時間輿論大嘩，攻訐之聲四起。御史交章論劾，抨擊其不遵為父母回籍守制三年的古訓。給事中彭鵬又上疏指責李光地不請終制，是貪戀祿位，自古忠臣出孝子，李光地不孝，「未聞不孝而能忠者也」。康熙帝覽奏後甚為震撼，傳旨詢問彭鵬。彭鵬又上一疏，建議皇上命李光地不許赴任，不許回籍，《春秋》誅心，在京守孝。康熙帝再也無法回護，於是將彭鵬的前後兩疏一併下九卿議處，終於下令：李光地解任，不許回籍，在京守制。這樣李光地在京中，既沒有官做，又不能回家守孝，是很難堪的。這是李光地假道學形象的又一次大暴露。

熊賜履、李光地兩人是康熙朝聲名赫赫的理學名臣，行徑卻如此卑劣。而在陳廷敬的一生中，絕對沒有這樣的事情，他雖言語不多，不尚空談，但行為卻是按理學的要求循規蹈矩。在他的一生中，很難找出錯誤。李光地雖然標榜理學，往往口是心非，言行不一，他對陳廷敬的行事卻不得不表示嘆服，他說：「澤州之慎守無過，後輩亦難到。」（李光地：《榕村續語錄》卷十四）所以說，陳廷敬的理學是注重躬行、反對空談、表裡如一、言行一致的真理學，不愧為一代理學宗師。

敬賢修己

陳廷敬一生慎守無過，特別注重自我修養。陳廷敬還在翰林院做學士的時候，京裡有一位陽城籍的官員叫田六善。田六善是順治三年（一六四六年）的進士，陳廷敬是順治十五年（一六五八年）的進士，田六善比陳廷敬早四科，後來官至戶部侍郎，但在當時還是一名御史。因為都是陽城人，所以陳廷敬和田六善來往較多。

有一次，陳廷敬來到田六善家中，京城裡有一位老太婆，常到田六善家中串門，這一次正好也來了。當陳廷敬坐下來和田六善談話，談到某某官員不愛錢，這位老太婆就突然插話說：「某不愛錢，豈楊繼宗耶？」（陳廷敬：《午亭文編》卷四十一）意思是說：這個人不愛錢，難道他是楊繼宗嗎？楊繼宗是何許人？楊繼宗也是陽城人，是明朝成化年間的官員，他十分清廉，不私一錢，在當時名望很大，號稱天下第一清官。但是從楊繼宗到陳廷敬那時已經過了二百多年，這位老太婆竟能知道楊繼宗的事情，令陳廷敬十分震驚。因為古代的女子不上學，不讀書，且多足不出戶，並不怎麼關心社會上的事，更不會關心歷史上的事。她能夠知道二百多年前的楊繼宗是不愛錢的清官，說明楊繼宗在那時的影響多麼深遠，可謂家喻戶曉，婦孺皆知。這樣的人是特別值得敬慕和值得學習的。陳廷敬因此而悟出了一個道理：只要是清官，老百姓就永遠記著他；只要是清官，他就永遠活在人民的心中。於是陳廷敬感慨地說：「吾陽城楊公繼宗，天下稱清白吏所首指名者也。蓋當時名聞天下，後世婦人女子，猶皆習聞其名而尊美焉。凡為士者，可不向慕乎哉！予感嫗言，而心識之。」（陳廷敬：《午亭文編》卷四十一）

他有感於這位老太婆的話，並把這位老太婆的話牢記在心裡。他想到在陽城附近二三十裡的行山溪穀之間，名人輩出，如楊繼宗、原傑、王國光、孫居相、張銓、張慎言等人，有的節操清亮，有的功業顯著，有的正直敢言，有的以忠死事，都是天下聞名的人。他就決心要向這些家鄉的先賢學習，來修養自己鍾鍊自己。

後來他在做官期間，與山西籍的幾位德高望重的先輩交遊，向他們學習到很多優秀品德。他說：「夫天下清白吏不易得，而為世所指名者，乃獨多在於晉，可謂盛矣。」又說：「吾鄉國多賢人君子，其以清德為世所稱。」（陳廷敬：《午亭文編》卷四十一）他舉出了六位最敬仰的人物，分別是曲沃縣保和殿大學士衛周祚、陽城縣刑部尚書白胤謙、蔚州刑部尚書魏象樞、永寧州兩江總督于成龍、陽城縣陝西巡撫張椿、高平縣湖廣布政使畢振姬。這六位都是山西人，都可稱為天下之士。《詩經》曰：「維桑與梓，必恭敬止。」又曰：「高山仰止，景行行止。」都是說要敬仰賢人君子。他對這幾個人非常崇拜，寫了《六公贊》來歌頌他們的品德，並用以勉勵自己。

衛周祚（一六一一年至一六七五年），山西曲沃人。明崇禎十年（一六三七年）進士，官戶部郎中。清順治十二年（一六五五年），升工部尚書。畿南大災，周祚奉命賑濟，救活災民甚多。順治十五年（一六五八年），改任吏部尚書，不久，加文淵閣大學士兼刑部尚書。康熙十一年（一六七二年），改保和殿大學士兼戶部尚書。康熙十四年（一六七五年），卒，謚文清。他為官數十年，敬以事上，儉以居身，誠以服人，以清廉著稱。在吏部時間最久，唯以留意人才為務。致仕後「居鄉謹厚，聖祖稱之」（《清史稿》）。

康熙四十二年（一七〇三年），康熙皇帝西巡至曲沃，命內大臣到他的墓地祭祀，並親書「表率班聯」四字。陳廷敬稱讚他「公狷以和，不嬰於物」，「清廟明堂，不改其節」（陳廷敬：《午亭文編》卷四十），向他學到了孤高正直、潔身自好，不被利益所誘惑的高尚節操。

白胤謙（一六〇五年至一六七三年），字子益，號東谷，陽城人。陽城白氏是一個詩書世家、理學世家。白胤謙的伯父白所知，字廷謨，明萬曆十一年（一五八三年）進士，官至太子太保工部尚書，有理學著作《惺心錄》、《語叢》。這樣的家族，為白胤謙的理學研究和文學創作奠定了良好的基礎。白胤謙於明崇禎十六年（一六四三年）考中進士，翰林起家，以忠誠受知於順治皇帝。順治十三年（一六五六年），擢升吏部侍郎，順治十四年（一六五七年）升刑部尚書。

順治皇帝親政之後，為加強皇權，注重刑法，頒布《大清律》；但他懲奸除惡，慣用重典，常常不以法律而加重治罪。白胤謙獨認為：「開國規模，宜崇宏大，務以寬平佐聖治。」（白胤謙：《東穀集續文》卷十）

順治十六年（一六五九年）九月，蘇松巡按王秉衡因貪贓罪被判處死刑，順治帝下旨將其妻子兒女收為官奴。白胤謙認為根據《大清律》，此罪不應涉及妻子兒女，於是與三法司官員共議，免除了其妻子兒女之罪。

順治皇帝盛怒，召白胤謙等官員廷對，厲聲詰問再三，白胤謙皆援引律例正色以對，只自引罪，但仍堅持要依法裁處。此時，天威嚴重，廷臣被皇帝詰問者皆惶恐失措，不知所云，而白胤謙則從容不迫，據理侃侃而言，終於使順治帝不得不服從於法律。

但順治帝年輕氣盛，心中不悅，下旨將白胤謙降三級調用，補太常少卿。白胤謙是理學大臣，被稱為明代薛瑄以來的理學宗師，處事極有原則，絲毫不以進退為意。不久升通政使，他又為冤民叩閽之事向皇帝力爭，沒有因為前事之故而稍有退卻。

順治皇帝其實心裡對白胤謙這樣正直敢言的大臣特別佩服，準備重用，陳廷敬在禁中，親耳聽到順治皇帝說：「白司寇古之純臣。」（陳廷敬：《午亭文編》卷四十）司寇是刑部尚書的古稱。順治皇帝誇獎白胤謙有古大臣的風範。康熙皇帝登基之後，國家有許多大事要定奪，白胤謙多次奮顏抗議，必有利於國家人民而後已。

白胤謙比陳廷敬大三十五歲，他是理學家，又是文學家，與陳廷敬來往最多，是陳廷敬最敬重的人物之一。陳廷敬在白胤謙身上學到了立朝清忠端亮的風範，學到了不計個人榮辱、個人得失的美德。

魏象樞（一六一七年至一六八七年），字環溪，號庸齋，蔚州（今河北省蔚縣）人。順治三年（一六四六年）進士，選翰林院庶吉士，歷官順天府尹、大理寺卿、戶部侍郎、左都御史、刑部尚書等職。魏象樞立朝端勁，為人望所歸。屢次上疏革除積弊，整肅朝廷綱紀，彈擊封疆大吏，面折高官貴人，無所阿諛回避，中外大小官員十分忌憚。曾疏言：「國家根本在百姓，百姓安危在督撫。願諸臣為百姓留膏血，為國家培元氣。臣不敢不為朝廷正紀綱，為臣子勵名節。」疏凡三十餘上，其大要崇治本、別人才、修實政、通民隱，皆關國家大政，為清初直臣之冠。講學醇正篤實，無空談標榜的習氣。魏象樞嘗自題對聯曰：「欺人如欺天，毋自欺也；負民即負國，何忍負之。」致仕時御賜「寒松堂」匾額，卒諡敏果。著有《寒松堂集》。陳廷敬因同鄉之誼，與其交往甚密，稱讚他「稱名責實，公清最聞；紹宗聖學，道集儒勳」（陳廷敬：《午亭文編》卷四十），向他學習公忠體國、清正立朝的為官風範和躬行實踐、實學致用的理學思想。

于成龍，字北溟，號於山，山西永寧州（今離石）人，明崇禎十二年（一六三九年）副貢生，入清後歷任知縣、知州、知府、道員、按察使、布政使，一直做到直隸巡撫、兩江總督。兩江總督是管理江南、江西兩省的最高軍政長官。

于成龍是清初著名的清官，是大家都熟悉的人物。他比陳廷敬大二十一歲。陳廷敬稱讚他「淡泊之操、堅危之節，始卒不渝，老而彌厲」（陳廷敬：《午亭文編》卷四十一）。陳廷敬最後一次見到于成龍是在康熙二十年（一六八一年）十月，于成龍巡撫京畿，在館舍與陳廷敬相見，深夜長談，于成龍拉著陳廷敬的手久久不放，把陳廷敬視為知己。

三年後，于成龍在兩江總督任上去世，陳廷敬為他寫了長達一萬二千多字的傳記，詳細記載了于成龍的生平事蹟。古人寫文章比較簡略，陳廷敬為很多人寫過傳記，短者只數百字，長者也不超過三五千字。只有為于成龍寫傳，用字最多，這在古人所有的傳記中都算是篇幅較長的，可見他對於成龍的景仰之情。他為于成龍所寫的傳記，成為今天研究于成龍的重要文獻。

後來于成龍的孫子于準又成為陳廷敬的門生，而陳廷敬的三子陳壯履之女，即陳廷敬的孫女，又嫁給于成龍的曾孫，即于準之子于大梃（ㄔㄢ）。陳廷敬在于成龍身上學到了淡泊的情操、堅貞的品格。

張瑃（一六二四年至一六六五年），字伯珩（ㄏㄥˊ），山西陽城人。資質過人，聰穎異常，讀書過目不忘。從童生到考中進士，只用了五年時間，每次考試只考一次，便取得功名。明崇禎十六年（一六四三年）中進士，年方二十歲。初授原武縣（今屬河南省原陽縣）知縣，後擢升御史，巡按四川，又巡察淮陽（今河南省周口市淮陽區）鹽政。廉潔自律，矢志不移，清理革除鹽政的積弊。歷官大理寺丞、順天府丞、大理寺少卿、工部右侍郎，以右副都御史巡按陝西。在任整頓法紀，拒絕賄賂，貪官汙吏聞風退縮。陳廷敬稱讚他「歷顯若晦，居辱不尤。聲跡未墜，民今思謳」（陳廷敬：《午亭文編》卷四十），向他學習不以物喜、不以己悲的君子情懷。

畢振姬，字亮四，號王孫，又號頡（ㄐㄧㄝˊ）雲，山西高平人。明崇禎十五年（一六四二年）考中解元，解元是鄉試第一名。清順治三年（一六四六年）考中進士，做過平陽府教授、刑部員外郎、濟南道參議、浙江金衢嚴道、廣西按察使、湖廣布政使，是三品官。洪承疇曾推薦他做湖廣布政使。洪承疇原是明朝的大員，投降清朝，賣主求榮，所以畢振姬不去上任，立即辭官回鄉隱居。

陳廷敬比畢振姬小二十五歲，在陳廷敬考中進士的次年，畢振姬就辭官回鄉。陳廷敬是京官，畢振姬是地方官，二人並未見過面。陳廷敬的母親去世之後，陳廷敬回家守孝，當時也是三品官。畢振姬來到中道莊，為陳廷敬的母親弔唁，後來陳廷敬又親自到高平答謝。

陳廷敬在去答謝的途中迷了路，於是就派一人前去探路。探路的人先到，找到畢振姬時，畢振姬正在田間種地。太陽已經偏西，陳廷敬才到了畢振姬家，看到院裡長滿蒿蒿，牛欄雞窩雜置堂下，堂中則放置著他所餵養的蠶。

畢振姬把陳廷敬請到東邊的一所房子，房中灰塵遍地。畢振姬拿笤帚掃了席上的灰塵，然後請陳廷敬坐下。陳廷敬打量了一下畢振姬，儼然一個老農民的模樣。畢振姬的家只可與農民中最下者相比，甚是艱苦，但是他家獨多藏書，史書尤多。

陳廷敬與畢振姬交談，畢振姬則議論風生，口若懸河，滔滔不絕，特別健談。陳廷敬形容畢振姬的談話說：「如瀛海汗瀾，浩乎無垠；如蛟龍奮翔，鱗爪開張。」（陳廷敬：《午亭文編》卷三十七）畢振姬家裡沒有僮僕，他自己親自做飯，而且一邊做飯，一邊還餵蠶。陳廷敬記載說：「畢先生飯我以脫粟，酌我以流泉。」（陳廷敬：《午亭文編》卷三十七）脫粟就是小米飯，流泉就是清茶。飯後，畢振姬又留陳廷敬深談而後才分別。

過了不久，畢振姬就寫信給陳廷敬，把自己所編的一本書稿寄給陳廷敬。這本書收集了明代以來數百篇科舉考試的優秀八股文，命名為《論訂歷科經義》，要陳廷敬為他寫序。陳廷敬看到他的書稿皆是親手抄寫，字裡行間還夾雜著注釋，每一篇開始還介紹了作者的情況。陳廷敬為他寫了序言，並在序言中記下了與畢振姬的這一次會見。這次會見，陳廷敬感觸良深，他想起孔子稱顏淵在陋巷，「簞食瓢飲，不改其樂」，又自說「疏食飲水，樂在其中」的話，向畢振姬學到了以苦為樂、以儉為樂、以勤勞為樂的優秀本色。

陳廷敬就是這樣，廣取眾人之長，擇善而從，把自己造就成一位傑出的政治家。

贊襄聖治

陳廷敬從清康熙二十三年（一六八四年）開始任左都御史。左都御史是都察院的最高長官，主管朝廷法紀。然後又任過吏部、戶部、刑部、工部等四部的尚書。六部是分管國家政務的職能機關，尚書是六部的最高長官。陳廷敬擔任部院的最高長官長達二十年之久。陳廷敬還擔任過相當於宰輔之職的文淵閣大學士，是康熙決策集團的主要成員，對康熙朝的文治武功及康乾盛世的形成有極大的作用。他以清勤廉慎的態度，從中央政權的角度推動著清朝政權的儒學化，為健全官僚制度、改善百姓生活，做出了重要的貢獻。所以，康熙皇帝表彰陳廷敬為「輔弼良臣」。

一、改革錢幣

陳廷敬在任吏部侍郎的時候，康熙皇帝下旨，要陳廷敬去管理戶部錢法。吏部是朝廷管理官員的機構，吏部侍郎是吏部的副長官。戶部主要管理國家財政，錢法是戶部的事情。朝廷六部本來各管其事，陳廷敬是吏部的侍郎，只能管吏部的事，可是康熙皇帝偏偏要讓他兼管戶部的事。這樣的情況在歷史上是前所未有的，康熙皇帝開了先例，並且又是在陳廷敬的身上開了先例。

康熙皇帝為什麼要這麼做，是因為國家的錢法出了大問題。錢法是什麼？錢法就是貨幣制度。古代的貨幣主要是金銀和制錢。制錢就是中間有一個方孔的圓形銅錢。制錢的面值很小，一枚制錢的面值是一文，一千文制錢是一串，也稱為一吊，才等於一兩銀子。在康熙前期，出現了一個特殊的情況，國家年年發行制錢，而市場上年年見不到制錢，沒有這種小面值的制錢，商品流通就比較困難，因而引起了市場混亂，這種現象長期得不到解決。於是，康熙皇帝決定讓吏部侍郎陳廷敬兼管戶部的錢法。這是特殊情況下出現的特例。

陳廷敬管理戶部錢法之後，首先進行了深入的調查研究，終於發現了問題癥結所在。國家既然年年發行制錢，而市場上幾乎見不到制錢，原因究竟出在哪裡呢？原來，在清代順治年間所發行的制錢，一文重一錢二分五厘或重一錢四分，這樣的制錢比較重，一兩銀子等於一千文制錢，一千文制錢共重八斤十二兩。換句話說，就是一兩銀子等於八斤十二兩銅，而在市場上用銀子直接買銅，一兩銀子只可買銅七斤，相差一斤十二兩左右。所以，不法之徒就將制錢銷毀，變成銅來賣，從中獲取高額利潤。這樣，國家無論發行多少制錢都不夠這些奸人銷毀，所以市場上見不到制錢，流通極其不便。針對這種情況，陳廷敬說：「苟不因時變通，其弊將無所底止矣。」（陳廷敬：《杜制錢銷毀之弊疏》）意思是說，如果不根據現時的情況進行改革，這種弊端將永遠無法消除。

怎樣改革？陳廷敬主張把制錢改重為輕。制錢改重為輕之後，銷毀制錢所得銅少了，沒有了利潤，自然就無人銷毀制錢了，這是很明白的事。但是一些大臣不同意，認為順治十年（一六五三年）朝廷發行的制錢是一文重一錢二分五厘，順治十七年（一六六〇年）發行的制錢一文重一錢四分，只有廢輕而改重，不能捨重而從輕。陳廷敬上疏向康熙皇帝說：「臣竊思國家之法，本以便民，苟有利於民，即於國無利，猶當行之，況行之利於國而亦利於民乎！」意思是說：我想國家的政策本來就是為了人民方便。如果對人民有利，即使對國家沒利，這樣的政策也應該施行。況現在改革錢幣，既有利於國，又有利於民，何樂而不為呢？

陳廷敬還說應查產銅鉛的地方。由於地方官收稅，滋生出種種弊端，小民無利，不行開採，只有收稅之名，而無開採之實。此後應停止收稅，任民開採，則銅日益增多，而錢價自然得平。

經過九卿會議討論，康熙皇帝採納了陳廷敬提出的建議，將一文制錢改鑄為一錢重，產銅地方停止收稅，任民開採，錢價終於得到了平抑。

二、整飭吏治

清康熙二十四年（一六八五年），陳廷敬針對當時吏治日益腐敗的情況，向皇帝上疏，提出整肅吏治。在地方官員中，知府、知州、知縣管理民事，與人民直接打交道，叫做親民之官。陳廷敬說：「親民之官，其職至重。」（陳廷敬：《請嚴考試親民之官以收吏治實效疏》）故此，他提出對親民之官的選用必須十分嚴格。

當時因國家財政緊張，實行了捐官制度，就是個人給國家財政捐錢，而由朝廷根據所捐錢數量分配官職，實際就是明碼標價賣官。不過這也是無可奈何的事，因為國家財政太拮据了。陳廷敬考慮這些捐來的官良莠不齊，有的甚至不識一字。他說，自古以來，以儒經作為吏治的根本，必須先學習經典，然後才能做官治民。自從實行了捐納制度，不能再做這樣的要求，但也必須大略通曉文義，才能委以親民的重任。歷史上從來未有不通曉文義而為民父母官的。現在捐納的官員，未曾經過考試，吏部就直接委任為親民之官，是否能通曉文義不得而知。

因此，陳廷敬提出兩條建議：其一，凡是捐納的官員，必須通過考試，才可以選用；考試不合格，令其繼續學習，聽其再試。其二，考試之時，不必再考經義，因為非其素習。應該考有實用價值的時務策一道，判一道。時務策是指對當前時務提出看法和對策的文章，判是指處理某件事情所做出的結論。陳廷敬要求，考試時要嚴加防察，不得代請傳遞，徒應虛名。陳廷敬這一主張顯然有利於清朝地方官吏制度的完善。康熙皇帝看了陳廷敬的建議後說：「臨民之官若不識字義，何以辦理民事而盡職掌？」因此採納了陳廷敬的建議。並且要求，凡是親民之官，不分捐納與不捐納，有不識字義的，總督巡撫都必須實心考察，令其休致。

陳廷敬又上《請嚴督撫之責成疏》，他指出：總督、巡撫之職在察吏安民。並且對督撫考察知府、知州、知縣等親民之官定了四條標準：第一，無加派，就是徵收賦稅時不另外加征。第二，無火耗，就是徵收賦稅時不征損耗。第三，無贖貨於詞訟，就是在審理案件時不貪贓。第四，無朘（ㄐㄩㄢ）削富民，就是不剝削富裕的百姓。如果官吏的行為符合這四條標準，方可稱為廉能之吏；如果做不到這四條，必然是貪官。

康熙皇帝為崇尚德政，注重教化民俗，曾頒布《聖諭十六條》，分別為：敦孝悌、篤宗族、和鄉黨、重農桑、尚節儉、隆學校、黜異端、講法律、明禮讓、務本業、訓子弟、息誣告、誡匿逃、完錢糧、聯保甲、解仇忿。

陳廷敬要求知府、知州、知縣等親民之官在一心養民的同時，還要一心教民，實心奉行上諭，每月聚眾講解鄉規、鄉約，使民遷善遠過。陳廷敬建議：考察總督、巡撫，以潔己教吏，吏得一心養民教民為稱職，否則罷黜治罪。總督、巡撫保舉推薦府、州、縣官，須加兩個條件：其一，本官無加派，無火耗，無贖貨，無朘削。其二，本官實心奉行上諭，每月聚眾講解鄉規、鄉約。如果保舉推薦的情況不實，請將保舉推薦的總督、巡撫、司道以及所保薦的官員嚴加處分。

經吏部議覆，完全採納陳廷敬的建議，並規定：「嗣後督撫保舉薦舉府、州、縣官員，將此二條添注冊內，如保舉不實，別經發覺者，督撫各降二級調用，申詳之司道府

等官各降三級調用。」（《聖祖實錄》卷一百二十二）

三、懲貪倡廉

康熙中期平定三藩之後，社會逐漸趨於穩定，經濟也逐漸恢復。但政治腐敗卻顯得相當突出，成為亟待解決的一個重要問題。陳廷敬對於這些政治弊端深惡痛絕，並為剷除這些弊端做了不懈的努力。

陳廷敬針對當時政治腐敗、貪汙成風的情況，向康熙皇帝上《勸廉祛弊請敕詳議定制疏》，強調指出：「貪廉者，治理之大關；奢儉者，貪廉之根柢。欲教以廉，當先使儉。」意思是說，貪汙還是廉潔，是治理國家的關鍵；奢侈還是儉樸，是決定貪廉的基礎。要使官員廉潔，應當先讓他們形成儉樸的作風。

陳廷敬認為形成貪汙風氣的原因，首先是官員生活奢侈，互相較量。因而他又批評一些官員出門隨從數十以至百人，衣服車馬非常豪華，耀武揚威，震驚道路。他認為這些官員「泥沙之用不惜，貪饕（ㄊㄠ）之行易成」。意思是說，這些官員在生活上揮金如土，把錢財當作泥沙，毫不珍惜，一開始是不節儉，接著便是不清廉，這樣最容易形成貪得無厭的作風。他請求朝廷對官員的衣冠、車馬、器用、婚喪之禮都要有嚴格的限制，不得過侈，逐漸養成節儉之風。康熙帝接到陳廷敬的奏疏，降旨嚴肅指出：「近見習俗奢靡，嗣後必須時加申斥，務期反樸還淳，恪循法制，以副朕敦本務實、崇尚節儉之意。」（《聖祖實錄》卷一百二十二）

陳廷敬分析官吏不廉潔的重要原因，不盡在於個人，而在於國家的高級官員。陳廷敬在《請嚴督撫之責成疏》中深刻指出：「上官廉，則吏自不敢為貪；上官不廉，則吏雖欲為廉而不可得。」這裡的上官，指的是總督、巡撫，即省級以上的高級官員。他認為總督、巡撫這些高官如果清廉，那麼知府以下的這些親民之官自然就不敢貪汙；如果總督、巡撫這些高官不清廉，那麼知府以下的親民之官想清廉也不行。真是一語中的，揭示出政治腐敗的根本所在。他還說，作為總督、巡撫，只有對利益不動心，保持一身正氣，才能監督管理下級官吏。下級官吏只有不曲意逢迎上級官員，然後才能全心全意辦理百姓的事。於是陳廷敬進一步指出：「方今要務，在於督撫得人。」所以，總督、巡撫的人選，在國家清廉政治的建設中，有著至關重要的作用。

陳廷敬不僅極力提倡清廉政治，而且對貪汙腐敗的現象深惡痛絕，懲治貪官汙吏不遺餘力。都察院是監察機關，掌管朝廷法紀，凡職官邪正、政事得失，均可彈劾、建言。都察院的最高長官是左都御史。陳廷敬任左都御史時，鐵面無私，執法如山，史書記載：「先生為御史大夫，風操清重，信於天下，有不可犯之色，諸為不法者凜凜相戒，時人謂陳公笑比河清。」（繆繼讓：《樊川先生小傳》）左都御史古稱為御史大夫。這一段話是說，陳廷敬做御史大夫時，作風操守清正嚴肅，為世人所信任。他的神色凜然不可侵犯，不法官吏皆相互戒備。當時的人說，見到陳公笑，比見到黃河變清還難。

陳廷敬在康熙二十三年（一六八四年）九月升任左都御史後，至康熙二十五年（一六八六年）四月前，仍兼管錢法。他發現全國各地榷關（徵收關稅的機構）的包攬辦銅人員，藉口要給管理錢法的衙門送錢才能辦事，向榷關的監督誘騙錢財。各關的監督只圖辦事順利，不惜錢財供給包攬辦銅人員。如此上下相蒙，牢不可破，其欺騙索取的實情難以究詰。因此陳廷敬撰寫《錢法堂榷關監督劄》（劄即公文），下發全國所有榷關，聲明：本院本部自受事之日，即與科院監督當堂言誓，絕不私取錢局關差銅錢一文、銀一分。因此他要求，所有榷關如有派公差到京者，必須當日赴寶泉局衙門，逐一詰問有無包攬辦銅人員騙索錢財的情弊；沒有派公差回京者，本公文到達之日，各榷關必須具文申說有無包攬辦銅人員騙索錢財的情弊，務必從實彙報。今後包攬辦銅人員，仍不悔改，欺索關差，本院本部絕不寬宥。陳廷敬在整頓錢法的過程中，弊絕風清，言行如一，不僅態度嚴謹、措施適當，而且以自己的廉潔作風影響了身邊和下級的官員。

當時的雲南巡撫王繼文，字在燕，漢軍鑲黃旗人，是雲南省的最高軍政長官。在平定吳三桂叛亂的戰爭中，國家為了減輕百姓負擔，發動官員和富戶捐納糧草，供給軍隊使用。戰爭結束以後，捐納的糧草剩餘米五十一萬四千六百石（容量單位，十斗為一石），草一千一百六十一萬五千束。軍隊凱旋，需要供應糧草，本來應該在存餘的糧草中支放，但王繼文不用現成的糧草，反而動用庫銀二萬五六千兩，買米一萬石，每石用銀二兩二錢至二兩八錢不等；又動用庫銀四十四萬兩，買草一千七百〇五萬束，每束用銀三分。陳廷敬提出疑問：存有現成糧草，不用來供應軍需，反而動用庫銀另行採買，是何道理？等到軍隊凱旋之後，王繼文又用所存糧草支付本省官俸及驛遞馬匹，米一石只扣銀一兩二錢，草一束只扣銀一分。陳廷敬又提出疑問：前此採買糧草，米一石用銀二兩二錢至二兩八錢，草一束用銀三分；今米一石只扣銀一兩二錢，草一束只扣銀一分。價錢相差如同天壤，又是何道理？

陳廷敬以王繼文前此採買糧草的價格計算，所存米五十一萬四千六百石，值銀一百二十九萬兩有餘；所存草一千一百六十一萬束，值銀三十四萬兩有餘，共計一百六十萬兩有餘。而王繼文用所存糧草支付官俸和驛遞馬匹，所扣銀共七十萬兩有餘。兩相比較，相差竟達九十餘萬兩。於是，陳廷敬上疏參劾雲南巡撫王繼文。

他說，軍隊凱旋還京之日，若果真有現存糧草，斷然不會另行採買。必定是先將捐納糧草折銀入己，無從供應軍隊，故採買糧草以應一時之急，其侵吞入己之弊顯然可見。至於軍隊凱旋之後，捐納所存糧草又無從銷帳，所以含糊支付本省官俸和驛遞馬匹。王繼文為什麼要這樣做呢？是因為軍隊的供應緊急，而本省的開支可以遲緩；軍隊的供應不可假借，而本省的開支可以通融。就在軍隊供應和本省開支這一挪移之間，王繼文就侵吞餉銀達九十餘萬兩。退一步說，即使王繼文沒有侵吞入己，但他身為封疆大吏，在國家興兵之際，不思報國，反而虧損軍餉近百萬兩，也應承擔瀆職不忠之罪。所以陳廷敬奏請皇帝下令戶部，檢查王繼文前後報部文冊和報銷價值，迅速做出處分。

陳廷敬的奏疏上達之後，戶部要求王繼文捐納糧草仍照採買價格解送，否則從重嚴加議處。康熙皇帝說：「王繼文既已欺誑，且不回奏，欲借此事蒙朧完結耳。前捐助人得便宜，今銷算時圖自己便宜，此豈封疆大吏所為？」

結果王繼文立刻被罷官候審。陳廷敬重拳出擊懲治貪官，朝野震驚，大小貪官一時斂手，都怕自己的名字掛入陳廷敬的奏章之中。

四、關注民生

康熙二十四年（一六八五年），陳廷敬發現當時地方遇到災害，報災、覆核程式繁瑣，往往一拖就是一年半載，百姓長時間得不到救濟，不能及時解除困苦。因此，他上《請議水旱疏》，上疏建議簡化程序，加速賑災進程。陳廷敬向康熙皇帝舉了一個例子，山東省濟寧、海豐、沾化三縣遭受水災，從上報朝廷到朝廷採取救濟措施，中間需要經過三次循環。第一圈，山東巡撫上報，戶部答覆，命令派人前去調查。第二圈，山東把調查情況及應該蠲免錢糧造冊再次上報，戶部又答覆，令分別說明地畝與受災情況。第三圈，山東巡撫再上報說明受災情況真實，無虛報現象，然後由戶部審核之後正式批准，減免錢糧。陳廷敬認為如此反覆行文，費時八個月，較遠的省分費時一年有餘，對於災民而言，嗷嗷待哺，遠水不救近火。

但國家辦事要遵循長期以來形成的舊例，康熙皇帝曾說：「國家諸務，特有成例。苟無成例，何所遵循！」（《國朝先正事略》）可見康熙帝對循例辦事的原則多麼重視。陳廷敬為了讓災民盡快得到實惠，竟然上疏皇帝，強烈要求簡化程序，並且提出了和康熙皇帝指示相反的說法：「勿循舊例為便。」（陳廷敬：《請議水旱疏》）

陳廷敬直言破除舊例，需要有一定的政治勇氣。他的建言終於被皇帝採納，命以後巡撫題報受災情形，直接分析高下具題，戶部覆核無誤，即准其蠲免。這樣把以前申報災情的程序由三次循環變成了一次循環，大大提高了辦事的效率。由此可見，陳廷敬在處理政事或向皇帝提建議的時候，常常把人民的利益放在第一位，把民生疾苦作為改革弊政的依據。便民利民，是陳廷敬為政思想的基礎，而康熙皇帝也是一位重視民生的皇帝。

康熙二十六年（一六八七年），陳廷敬首次出任戶部尚書。因為黃河下游泥沙淤積，致黃河水氾濫，每年都要挑浚河道裡的泥沙，使河水流入故道，方能解除水患。這就需要雇用民夫挑浚泥沙，但由於國庫空虛，戶部所撥的經費不足。朝廷於三月二十六日召開九卿會議商量對策，決定讓總督、巡撫每年籌集銀三十萬兩增添工價。籌集的辦法，無非是向民間百姓加派，或向各地鹽商派征。陳廷敬立即站出來說：「用兵之時，皇上軫（ㄓㄣˇ）念小民，猶不加征。今議派民，實屬不合。」意思是說，國家在用兵打仗的時候，需要大量的軍費開支，皇上還憐憫憂念百姓，尚且不向百姓加派徵收數額。現在討論向民間加派，實在是於理不合。康熙皇帝也說：「派民之事斷不可行。」可見陳廷敬時時處處站在愛民利民的立場上說話。

康熙三十三年（一六九四年）十二月，陳廷敬再次出任戶部尚書後，積極配合康熙皇帝推行對百姓的蠲（ㄐㄩㄢ）免賑濟政策。康熙二十九年（一六九〇年）至三十六年（一六九七年），因蒙古準噶爾部噶爾丹叛亂，清廷多次出兵對其討伐並取得勝利。由於連年戰爭加重了人民負擔，康熙皇帝於康熙三十八年（一六九九年）南巡，視察黃河災情和百姓生活。在此期間，康熙皇帝所到之處，「恤民之災，謀其生計；憫民之乏，免其正供」（陳廷敬：〈南巡歌序〉，下同），多次下旨蠲免山東、河南、安徽、江蘇、浙江各省許多地區的錢糧，賑濟受災百姓。皇帝的諭旨，都要透過戶部去落實執行。作為戶部尚書的陳廷敬，對這些「宏恤民隱」的蠲免賑濟舉措，表示「誠歡誠忭」，積極擁護，而且每接到康熙皇帝的上諭，都主動、切實地去落實。同時他還撰寫了樂府體《南巡歌十二章》，對康熙皇帝這種愛民利民的精神進行了熱情的稱讚和頌揚。

陳廷敬在大臣中是一個正直敢言的官員，他的主張講求實際，具體可行，史書譽之曰：「公所陳，切中時弊，棘棘不苟同。」（李元度：《國朝先正事略》）棘棘，是剛直不阿的意思。這句話意思是說，陳廷敬的政治主張，都能切中當時的弊政，他剛直不阿，不附和，不苟同，見解獨到。

所以說，陳廷敬的為政思想和主張，對於康熙帝整頓吏治等一系列康熙朝大政方針的制定，都發揮了顯著的作用。

人望所歸

清代乾隆年間，乾隆皇帝組織編修《四庫全書》，收入了陳廷敬的主要著作《午亭文編》五十卷。紀曉嵐等四庫館臣在《四庫全書總目提要》中給陳廷敬下了八字評語：「文章宿老，人望所歸。」認為陳廷敬是文壇的老前輩，在士林中享有很高的聲望，受到大家的景仰和尊敬。

陳廷敬為人溫厚和平，寬裕汪洋，慧眼識人，善於發現人才，培養人才，舉薦人才。他的周圍有很多文人學士，與他交往，向他學習。說他人望所歸，名副其實，毫不誇張。

福建侯官縣舉人林佶，字吉人，號鹿原，遊學京師。他為了學習詩文，要拜當時的頂級人物為師，他向陳廷敬、王士禛、汪琬學習寫作詩文，學而有成，寫詩才氣汪洋，作文辭藻修潔，著有《樸學齋集》。林佶不僅詩文寫得不凡，而且工楷法。清代書法理論家包世臣把有清一代書法分為神品、妙品、能品、逸品、佳品，林佶的小真書被歸入佳品。林佶小楷銀鉤鐵劃，妙彩豐神，名震京華。他要為他的三位老師寫刻文集作為報答。陳廷敬的《午亭文編》、王士禛的《漁洋精華錄》、汪琬的《堯峰文集》都是他親手書寫出來，然後由刻工雕刻成版，印刷成書，在歷史上被傳為佳話。這三部書在中國版本學上稱為著名的「林寫三刻」，彌足珍貴，有很高的收藏價值。

康熙四十四年（一七〇五年），陳廷敬向朝廷推薦林佶，康熙皇帝立即召試，然後讓林佶入直武英殿，為康熙皇帝寫刻《御製文集》、《御製詩集》。康熙皇帝的詩文集都要林佶寫刻，說明林佶的楷書寫得確實不凡。後來康熙皇帝特賜林佶為進士，補官內閣中書，參加編修《古今圖書集成》。

當時翰林院有兩位翰林，一位叫史申義，一位叫周起渭。

史申義，字叔時，號蕉飲，江都人。少年時就工詩，與同里詩人顧圖河齊名，被稱為「維揚二妙」。康熙二十七年（一六八八年）考中進士，入選翰林，授編修。著有《蕪城集》、《使滇集》、《過江集》，有南宋陸遊的詩風。

周起渭，字漁塘，貴陽人。康熙三十三年（一六九四年）考中進士。他詩才雋逸，尤肆力於蘇軾、元好問、高啟諸家，著有《桐野詩集》。貴州在明代才進入國家版圖，清代貴州詩人以周起渭為第一。康熙皇帝有一天派內侍來問陳廷敬，說：「今之詩人，孰與爾等比？今或未然，其後可冀有成者為誰？悉以聞。」意思是說，現在詩人中，誰能與你們相比？如果現在還不能與你們相比，將來有希望能夠學成的有誰？全都奏明。

陳廷敬就推舉了史申義、周起渭，史、周二人因此聲名大起，被稱為「翰苑兩詩人」，一時名震天下。可見，對於後進來說，陳廷敬一經品題，立刻身價百倍。

清代康熙年間著名詩人查慎行，也是經陳廷敬舉薦提拔的人才。查慎行，字悔餘，浙江海寧人。少年時受學於大學者黃宗羲，六經中最精通《易經》。性喜作詩，遊覽所至，輒有吟詠。康熙三十二年（一六九三年），考中舉人，但後來屢考進士不第。康熙四十一年（一七〇二年），康熙皇帝東巡，陳廷敬向康熙皇帝推薦了查慎行。康熙皇帝立即下詔，讓查慎行前來賦詩。然後詔命查慎行隨駕入都，入直南書房。不久又賜進士出身，選為庶起士，授編修。查慎行對陳廷敬非常敬重，一生始終執門生之禮。

在陳廷敬門下還有一位大文學家，名叫姜宸英（一六二八年至一六九九年），字西溟，浙江慈溪人。姜宸英工文辭，作文閎博雅健。康熙二十年（一六八一年）冬，他從故鄉來到京師，這時他已經五十四歲。到京師後，他先拜訪了江蘇昆山縣的徐乾學，想請徐乾學向朝廷舉薦他。徐乾學說：「盍往見澤州公乎！當今名公卿，能以其學復文章於先秦兩漢之盛者，莫逾公矣。」（姜宸英：《湛園集》卷二）意思是說，你為什麼不去見一見澤州陳公啊！當今在朝中的著名大臣，學問淵博，文章能夠達到先秦兩漢興盛時期的程度，沒有能夠超過澤州陳公的。常言說詩必盛唐，文必秦漢，徐乾學對陳廷敬的評價很高，認為陳廷敬的文章能達到先秦兩漢時的高度，朝中的名公巨卿無人能比。姜宸英聽了，對陳廷敬肅然起敬。但在他初見到陳廷敬的時候，發現陳廷敬神情嚴肅，不苟言笑，如同山嶽聳峙，感覺難以接近。這是因為陳廷敬對姜宸英的情況並不了解。陳廷敬把姜宸英安排在明史館參與編修《明史》，當他看到姜宸英所寫的史傳文章後，喜形於色，拊掌稱善，常把姜宸英的文章放在懷袖之中，逢人就拿出來與人共讀，反覆朗誦，到處為姜宸英宣揚延譽。姜宸英參與了《明史》的編修，有了七品官的職銜。陳廷敬為姜宸英舉薦揄揚，姜宸英也很感動，他寫道：「公不忍於一士之不達，而引以為己憂，真古宰之用心也。」（姜宸英：〈塚宰陳公五十壽序〉）意思是說：有一個讀書人得不到重用，陳廷敬都不忍心，引以為自己內心的憂慮，這真是古大臣才能具有的良苦用心啊！

在陳廷敬所交往的文人學士中，也有很多地位低下的文人。其中有一位布衣文人，名叫張文炳，字子潛，陽城人。他家境貧寒，以賣豆腐、採藥為生。他從未上過學，但酷愛詩歌，無人教導，就自己刻苦研讀，終於得其門徑。著有《麋田小草》。張文炳的詩淡中見雅，妙語驚人，但身為布衣，窮居陋巷，所以鮮為人知。在陽城縣城西七十里的地方有一處名勝，叫修真古洞，是陽城古八景之一，他遊覽之後，寫了一首詩，其中有句云：「窗外風雲龍虎穴，門前芝草鹿麋田。」當時著名的理學家、文學家刑部尚書白胤謙年老歸隱，看了他這首詩後，認為「門前芝草鹿麋田」這一句自然天成，極為讚賞，於是和他交為朋友，給他取了「麋田」作為號，此後人們都叫他張麋田。康熙三十一年（一六九二年），陳廷敬因父親去世歸里守孝，張文炳又帶著詩稿去拜訪陳廷敬。陳廷敬讀了他的詩稿，看到其中一首《春日山居》，其中有句云：「晒藥掃殘雪，投竿向釣磯」，極為稱許，感歎說：「風趣孤迥，非餘子可及。」（陳廷敬：〈張子潛詩序〉）並為張文炳詩集寫了序言，評其詩曰：「澹旨圓潔如玉禾之露，而濡潤豐美又如昆山之脯（ㄈㄨˇ）。」（陳廷敬：〈張子潛詩序〉）

張文炳見陳廷敬這位文壇泰斗對自己的詩如此看重，高興地把他的詩集命名為《喜見吟》，欣喜自己能見到陳廷敬這樣的人物。陳廷敬到京城後，將他的詩向朝中諸臣廣為推薦，使他的詩名噪京華。朝中大臣、當時的著名詩人韓菼（ㄊㄢˇ）、王士禛、湯右曾、徐秉義等人都贈詩給他。王士禛在贈詩中讚譽他說：「抗懷寄雲壑，高歌動林藪。」

陳廷敬和這位出身貧賤的布衣詩人終生保持著友好的關係，常常書信往來，吟詩唱和。就在陳廷敬生命最後一年的前三個月，他收到張文炳寄來的詩，其中第一句就是

「孤雲獨無依」。張文炳說孤雲無依，是他把陳廷敬作為知音，表示久不相見的懷念之情。陳廷敬寫詩回覆：「張子孤雲詩，因風寄吾州。我心獨依依，清貧可同儔。還家掃茅堂，一樽相獻酬。與子偕千年，悠悠續前修。」從陳廷敬和布衣詩人張文炳的關係，可以看到一位康熙朝文壇上的頂級人物的崇高風範、寬廣胸懷。

高文典冊

康熙皇帝執政之後，十分重視文化建設，重視各類典籍的整理和編纂。陳廷敬學問淹洽，文采優長，自任內祕書院檢討之後，就參與了官修書籍的編纂工作。他平時雅嗜詩書，擩（ㄖㄨˇ）嚌（ㄐㄧˋ）經史，雖然工作頭緒繁多，但他始終堅持仕優則學的道路。尤其是他入直南書房之後，康熙皇帝經常直接任命他負責各類書籍的纂修，國家凡有大著作，皆為總裁官。他為朝廷主持了許多文化工程，編纂了許多大型典籍，充分說明了他在經學、史學、文學、小學等方面的深厚功力。他在政治舞臺上不斷展現其才能的同時，在文化建設領域也做出了傑出的貢獻。現將陳廷敬參與或主持編修的各種文化典籍的情況概括介紹如下：

一、經學類

經學是研究儒家經典的學問。陳廷敬出身於儒學世家，長期擔任康熙皇帝的經筵講官，對經學有精深的研究，在他的主要著作《午亭文編》中，有《易》、《書》、《詩》、《禮》等儒經的詳細解讀，還有《古今易說》、《皇極數說》、《春秋齊桓晉文說》、《春秋明天道說》、《經學家法論》等大量經學研究文章。他所編纂的經學書籍有《日講四書解義》等。

《日講四書解義》是詳細講解「四書」的書籍。康熙十六年（一六七七年）三月十三，陳廷敬於弘德殿進講，康熙帝面諭：「四書已經講完，講章應行刊刻。」陳廷敬奉旨，將《四書講義》編校刊刻成書，於十二月十八進呈，共二十六卷。書中的主要內容，有的是陳廷敬自己在日講中所講，也有的是其他講官所講，但都經過了陳廷敬的整理和加工，增添了他自己的學術觀點和研究成果，故此書也是他在經學研究上的貢獻之一。康熙帝特為《日講四書解義》作序，明確宣布清廷將以儒家思想治理國家。《四庫全書總目提要》稱陳廷敬編的《日講四書解義》「所推演者皆作聖之基、為治之本，詞近而旨遠，語約而道宏。」意思是說，這本書中所探討的都是成為聖賢的基礎，是治理國家的根本，文辭淺近但意義深遠，語言簡約但道理宏大。

陳廷敬先後給康熙帝進講經書的講義，年終要匯總進呈。進講經書，編寫講義，都是他在對經學深入研究的基礎上進行的。因為向皇帝進講，既要解釋經學之微言大義，又要闡述自己的獨立見解，並且連繫治國理政的實際，使皇帝受到啟發，從中獲得治國之策。他的講解多次得到康熙皇帝的肯定，認為「實於學問政事大有裨益」。陳廷敬先後匯總進呈的講義除《日講四書解義》之外，還有《通鑑講義》、《尚書講義》、《易經日講解義》等，均刊行。

二、小學類

小學是與大學相對應的。大學是儒家經典，小學則是解釋儒家經典的學問，主要包括訓詁學、音韻學、文字學，也就是相當於詞典、字典的書籍。

《康熙字典》陳廷敬為總閱官，奉旨編纂。康熙帝於康熙四十九年（一七一〇年）三月初十，諭南書房侍直大學士陳廷敬：「朕留意典籍，編定群書，次第告成。至於字學，並關切要，允宜酌訂一書。今欲詳略得中，歸於至當，勒為成書，垂示永久。」意思是說，我多年來特別留意典籍，編定了很多書，都依次告竣了。至於字學的書籍，非常重要，應該斟酌編訂一部書。要使它體例詳略得當，內容恰到好處，編輯成書後，讓後世長久使用。

於是，陳廷敬選拔傑出學者三十多人，組成一個編輯班，刪繁補漏，辨疑訂偽。同時，他的三兒子陳壯履也參與了此書的編纂，父子同修一書，傳為千秋佳話。書成，共四十二卷，康熙帝在為之作序時，予以高度評價：「古今形體之辨，方言聲氣之殊，部分班列，開卷了然。無一義之不詳，無一音之不備，信乎六書之淵海、七音之準繩也！」《康熙字典》所收字數比以前有較大的增加，對此清人曾做過詳細的統計：「字典十二集，二百十四部，旁及備考，合四萬七千三十五字。古文字一千九百九十五，不在此數。」（陸以湉：《冷廬雜識》卷二）這部空前的字典，在文字學史上產生了重大影響。一是有益於清代文字規範，有利於四海之內文化的交流，促進了一定時期思想文化的發展。二是為後來字書進一步完善奠定了基礎，成書於一九一四年的《中華大字典》，就是根據《康熙字典》的體例編成的，同時當代的重要辭書如《辭源》、《辭海》、《漢語大字典》、《漢語大詞典》都沿用了《康熙字典》的體例。

在近三百年的時間裡，《康熙字典》一版再版，一直享有崇高的學術地位，成為有關中國語言文字必不可少的大型工具書。陳廷敬是本書編纂工作的重要組織者，是中國歷史上傑出的語言文字學家。

三、史學類

陳廷敬同時是清代著名的史學家。在他的文集中，有不少史學研究文章，如《漢高帝得天下之正論》、《漢高帝知呂氏之禍亂論》等，還對漢朝五十多位人物的生平出處、歷史功過進行了評論，反映出他對兩漢、三國的歷史以及《漢書》、《後漢書》和《三國志》曾進行過深入的研究。他曾充任很多史學要籍的總裁官，並以其治學嚴謹、修書精勤、學識淵博而深得康熙皇帝的讚賞。他參與和主持編修的史書有十數種之多。

《世祖章皇帝實錄》是記載順治朝歷史的書籍。康熙六年（一六六七年）九月，朝廷設館纂修《世祖章皇帝實錄》，康熙十一年（一六七二年）告成，共一百四十六卷。陳廷敬為纂修官，因此加一級食俸。

《太宗文皇帝實錄》是記載清廷在關外皇太極時期歷史的書籍。康熙十二年（一六七三年）秋七月，設館重修順治年間修成的《太宗文皇帝實錄》，陳廷敬為副總裁官，至康熙二十一年（一六八二年）九月完成。

《平定三逆方略》是記載康熙朝平定吳三桂、尚之信、耿精忠叛亂的歷史書籍。康熙二十年（一六八一年）平定了三藩的叛亂，於二十一年（一六八二年）設方略館，命陳廷敬等為總裁官，纂修《平定三逆方略》，共六十卷。

《平定察哈爾方略》是記載康熙十四年（一六七五年）平定察哈爾布林尼的叛亂的歷史書籍，上下兩卷。陳廷敬為總裁官。

《平定海寇紀略》是記載康熙二十三年（一六八四年）接受鄭克塽投誠並收復臺灣的歷史書籍，共四卷。陳廷敬為總裁官。

《平定羅刹方略》是記載康熙十六年（一六七七年）雅克薩戰役打敗俄國侵略者的歷史書籍，康熙二十八年（一六八九年）編纂成書，共四卷。陳廷敬為總裁官。

《親征平定朔漠方略》是記載康熙三十六年（一六九七年）康熙皇帝御駕親征平定噶爾丹叛亂的歷史書籍。康熙三十七年（一六九八年）初開始編纂，康熙四十七年（一七〇八年）成書，共四十八卷。陳廷敬為總裁官。

《鑒古輯覽》康熙二十五年（一六八六年）閏四月，陳廷敬與徐乾學等編輯的《鑒古輯覽》告成，一百卷，是一部詳細記載中國古代興亡治亂的歷史書籍。他在〈進鑒古輯覽表〉中說：「已事為師，常切高山之望；前車可鑒，敢忘覆轍之心！」意思是說，往古之事可以為師，對聖君賢王常思高山仰望；前車之覆可以借鑒，對歷史教訓豈敢時刻忘懷！明確說明，編寫這部書的目的在於繼承堯、舜、禹、湯的治道，汲取昏君暴政敗亡的深刻教訓。該書進呈御覽，康熙皇帝非常滿意，傳旨：「覽卿等奏進《鑒古輯覽》，具見盡心編纂，博采考訂，勸誡昭然，有裨治化，朕心深為嘉悅！書留覽。」

《大清會典》康熙二十三年（一六八四年），康熙皇帝頒旨編纂《大清會典》，命陳廷敬等人為總裁官。收輯資料起自崇德元年（一六三六年），迄康熙二十五年（一六八六年），共一百六十二卷，於康熙二十九年（一六九〇年）修成進呈，康熙三十五年（一六九六年）刊行。

《三朝聖訓》是清代太祖、太宗、世祖三代皇帝的訓諭、詔令集，康熙二十一年（一六八二年）纂修，陳廷敬為副總裁官。

《三朝國史》清太祖、太宗、世祖三朝的國史，康熙二十九年（一六九〇年）下令編修，並成立國史館，以大學士王熙等為總裁官，陳廷敬等為副總裁官。《三朝國史》的編修貫穿了整個康熙朝，開闢了清代國家主持編纂國史的先河。

《玉牒》為清代皇族的族譜，分為滿、漢兩種文本，自順治十三年（一六五六年）開始，每十年續編一次。康熙四十五年（一七〇六年）為第六次續編，任命陳廷敬為副總裁官。

《皇輿表》為康熙年間編纂的地理書籍，陳廷敬等為總裁官。是書詳細考究了自唐虞至元明共二十三代總計四千年間的地名、建置等變遷，仿史表例編輯而成。成書於清康熙十八年（一六七九年），計目錄一卷，凡例一卷，表十六卷，共十八卷。

《政治典訓》康熙皇帝歷年政令的總集。康熙二十五年（一六八六年）二月二十二，康熙帝決定編纂《政治典訓》，並任命陳廷敬等人為總裁官，將康熙以來歷年政令編輯成書，定名曰《政治典訓》。

《明史》是清代修纂的正史，為中國歷史上編纂時間最長、規模最大的一部官修史籍。康熙十八年（一六七九年），陳廷敬被簡選入明史館，康熙二十一年（一六八二年）擔任《明史》總裁官，完成了《明史》的主要纂修工作。《明史》在康熙朝已經基本成書，在雍正朝只做了一些簡單的收尾工作就告竣了，共三百三十六卷。

《明史》作為二十四史中最後一部史書，是有價值的傳世之作，其主要工作是陳廷敬、張英、王鴻緒任總裁官時完成的。

《大清一統志》清代官修地理總志。康熙二十四年（一六八五年），康熙皇帝下旨開一統志館，命陳廷敬為總裁官。陳廷敬於編纂十分用心，從他寫的《與徐大宗伯論一統志書》一文中可以看到，他對志書的體例、史實，都做了認真審查和修改，並提出了獨到的見解。《大清一統志》清代前後共編輯過三部，此為康熙《大清一統志》。

四、類書類

《佩文韻府》陳廷敬為總裁官，康熙五十年（一七一一年）成書。「佩文」是康熙皇帝的書齋名，在暢春園內，因是奉敕編纂，故命名為《佩文韻府》。《佩文韻府》是按平上去入四聲各標其韻目，以一韻為一卷，分一百〇六卷。《佩文韻府》在彙輯詩詞歌賦的典故方面對前人的成果進行了一次總結，因而成為清代前期修成的一部有名的類書。《佩文韻府》在文化史上有兩點值得重視的貢獻，一是作為一部辭藻彙編，可供查尋成語、典故以及一般的詞語時使用，有重要參閱價值。二是對促進詞典的發展具有積極作用。古代的詞典體例，以內容分類排列，查詢很不方便，《佩文韻府》採用「以韻統字，以字系事」的系統方法，編排較為科學，成為後世編輯辭典的範本。

現代流行的《辭源》、《辭海》一類辭書，都是從《佩文韻府》繼承和發揮而來，這種方法已成為編輯漢語辭典的一種主要方式。

五、文學類

《欽定詞譜》陳廷敬等奉旨編纂。成書於康熙五十四年（一七一五年），編纂此書一是得益於官家藏書之富，故能「翻閱群書，互相參訂」，避免前人典籍欠缺不全的局限；二是由陳廷敬等二十餘人奉旨共同編定、校勘，得力於集思廣益。因此，該書較之前人各譜具有許多顯著優點：其一，所收調式比較完備。該書收詞調八百二十六種，載詞體兩千三百〇六式。其二，考訂甚為謹嚴、精審。所采各調均注明作者或出處，對詞調具有多種體式者，透過對眾多詞作的排比，標出異同，某字可平可仄，亦從詳加比較中得出，在實證基礎上增強了科學性。其三，編排比較科學。格調相同者，以創始所作或早出之作為正體，後出有異之詞為變格，避免了時代先後的顛倒。其四，解說較詳。於同調異名、異調同名者，說明名稱的來由，並說明與某詞作的關係，讓人明其所以然。又對各詞牌凡能注明宮調者，悉加注明，為後人研究提供了更為豐富的資料。《欽定詞譜》一書是目前中國最完備、最精審的一部詞譜，它為研究詞的音樂特性提供了範本，對詞學研究工作者、詩詞愛好者來說，是不可缺少的一部重要典籍。

《御選唐詩編注》陳廷敬為總閱官，奉旨輯注，共三十二卷。該書前有康熙皇帝御製序，收一百多位唐代詩人近三千首詩。該書本著「一字一句必溯其源流」的原則，對每一首詩都注釋得十分精詳，是研究唐詩的重要參考書。

《古文淵鑒》陳廷敬、徐乾學等奉旨編選，六十四卷。採集上起《左傳》、下至宋代的優秀文章，選擇辭義精純、闡述六經者為正集，文辭瑰麗者為別集，諸子文章列其重要論述為外集。對所選文章都有詳細夾注或批注，並搜集前人評語，慎重去取，訓詁箋釋精當謹嚴。

《皇清文穎》陳廷敬奉旨編纂，共六十卷。收錄清代皇帝、王公、大臣賦頌及諸體詩文，涉及的內容十分豐富，如政治、經濟、軍事、典章制度等，是研究清初歷史文化的重要資料，不僅有較高的欣賞價值，也具有很高的史料價值。本書告成之後，陳廷敬正處於即將逝世前的大病之中，他不顧病重體衰，還親自為康熙皇帝寫了〈皇清文穎進呈表〉，由此可見陳廷敬為完成這些文化典籍所付出的辛勤勞動和獻身精神。《皇清文穎》六十卷編成後，未及時刊印，雍正朝和乾隆朝又進行續編，斷自乾隆九年（一七四四年），共計一百卷。

陳廷敬編纂的文化典籍，在當時不僅加速了文化發展，促進了文化繁榮，而且推動了清王朝的漢化進程，為滿漢文化的交融起到了重要作用。今天，這些文化典籍已經成為中華文化寶庫中的重要遺產，成為研究清代文化歷史不可或缺的重要資料。陳廷敬為中國的文化事業付出了畢生心血，他沒有為兒孫留下更多的財產，卻為中華民族留下了寶貴的精神財富。正所謂，全人自炳千秋史，清節惟餘萬卷書。

第四章 班聯懿範

一路清廉

清康熙三十六年（一六九七年）六月十一，康熙皇帝拿出一幅扇面，要陳廷敬為他在扇面上題詩。陳廷敬一看，扇面上畫的是兩隻白鷺、一株青蓮，就知道康熙皇帝是要提倡清廉的作風。因為兩隻白鷺諧音是路路，一株青蓮諧音是清廉，合起來就是路路清廉。意思是要求朝廷官員一路一路都要保持清廉的作風。陳廷敬明白康熙皇帝的心思，欣然命筆，在康熙皇帝的畫扇上題了詩：

殿閣微涼日，民岩顧念時。畫圖皆善誘，簪紱有良規。飲露心元潔，含香氣未移。年年鳳池畔，聖澤本無私。

（陳廷敬：《午亭文編》卷十七）

「畫圖皆善誘，簪紱有良規。」意思是說，畫圖中的內容確實是循循善誘，教育官吏要時時遵守規矩。「飲露心元潔，含香氣未移。」意思是說，白鷺每天飲用露水，它的心是多麼清潔純淨，青蓮所含有的香氣不會輕易改變。教育官員要像白鷺和青蓮一樣，時時保持廉潔。

陳廷敬出身於士大夫之家，從小就受到了良好的教育。進入仕途後，他的父母經常告誡他不能有貪心。康熙元年（一六六二年），陳廷敬回家探親，這時他還是翰林院的一個小官，其父陳昌期了解了他為官的情況，說：「汝清品正爾難得！」康熙四年（一六六五年），陳廷敬還京赴任之時，母親張氏為他整理行裝，告訴他說：「汝往哉！吾為汝娶婦嫁女，治裝具，給資斧焉，慎毋愛官家一錢。」他父親的話對陳廷敬來說是鼓勵，他母親的話對陳廷敬來說是鞭策。自此，陳廷敬把父母的話牢牢記在心中，每想到父母的教誨，輒往往失聲痛哭。到了晚年，他檢點自己的一生，清廉自守，果然沒有辜負父母的期望，於是他寫詩道：「不負當年過庭語，先公曾許是清官。」

他在宣導清廉吏治上，特別注意以身作則。他的清廉作風，在康熙時期是有口皆碑的。陳廷敬曾擔任國子監的司業。國子監是國家的最高學府，國子監的最高長官叫祭酒，司業是副長官。原來國子監的學生入學，拜見國子監的長官，按例都要奉上禮品，長期以來形成了一條不成文的規矩。陳廷敬當了司業，毅然下令，自此之後學生不許再給長官送禮。

康熙二十三年（一六八四年）四月，陳廷敬以吏部左侍郎管右侍郎事，督理京省錢法。他到寶泉局去接事，寶泉局是國家管理錢幣的機構。陳廷敬和僚屬給事中、監察御史、監督郎官說：「此天下錢之所由出也。吾自矢不受一錢，願與諸公同之。」（陳廷敬：《午亭文編》卷四十八）意思是說，這是發行錢幣的地方，天下使用的錢幣都是從這裡出去的，我是絕不貪汙一文錢，願與各位共同遵守。然後，他還與大家共同對著青天白日起誓。寶泉局向來鑄成新錢之後，都要向管錢法的官員進呈樣錢，陳廷敬認為不合理，裁革了這一陋規。

數月以後，監督官員從廢銅中揀得古錢數枚，拿給陳廷敬看，陳廷敬從中揀出一枚秦半兩。秦半兩是古錢幣，秦朝時發行的。由於一枚錢有半兩重，所以稱為秦半兩。監督官員告訴他說：「人們常說，古錢幣是吉祥物，請你把這一枚秦半兩佩帶在身上。」陳廷敬同意了。

又過了數月，陳廷敬升任左都御史，因都察院有公務，沒時間到寶泉局。寶泉局吏員將鑄就的新錢樣品拿來，請陳廷敬驗看。吏員解開繩子，把錢幣亂放於席上，陳廷敬一一視看後，吏員又將錢幣收起離去。後來陳廷敬發現，席上還留有一枚銅錢，他就將這枚銅錢收了起來。

一日早晨，他又到寶泉局理事，忽然想起來他與大家共同發誓的事情，想：「吾誓不受一錢，前後取其錢二，其何以自明？」於是，他立即喚寶泉局的官吏前來，將前後所得二錢還給寶泉局，局吏拿著錢感歎而去。陳廷敬於是寫了《二錢說》一文，用以時刻警誡自己。

陳廷敬曾經兩次做戶部尚書，戶部尚書是管理國家財政的最高長官，他手握大權卻能做到兩袖清風，不貪一錢。史書記載他「兩為大司農，處脂不染，清操肅然」。（陳康祺：《郎潛紀聞四筆》卷六）

他做吏部尚書的時候，選賢任能，積弊悉除，投機鑽營者不得進。康熙二十六年（一六八七年），陳廷敬五十大壽。有一個布政使，是管理民政、財政的官員，拿著千金為陳廷敬送壽禮，並且願意投入陳廷敬門下做門生，但是他見不到陳廷敬，就一連數日守在陳廷敬家門旁邊的一個佛寺中等待，趁夜間進入陳廷敬家中，長跪哀請。陳廷敬大怒，大聲呵斥，將他趕了出去。過了幾天，這個人就因不法被處分了。

陳廷敬始終保持清廉的作風，生活非常儉樸，雖然官至大學士，仍然很清貧。有一位故人的兒子叫喬德輿來京師求官，住在旅館裡，求官未得。陳廷敬就婉言勸他說：「你不如回去吧。」喬公子說：「我回去怎麼生活呢？」陳廷敬說：「你有先人留下來的房屋土地，還是可以過日子的。」喬公子覺得這樣太清貧了。陳廷敬說：「我在京城居住，常常記著唐朝詩人陸龜蒙說的『忍飢誦書，率常半飽』的話，這也是處貧之一法。」喬公子不高興了，就頂撞陳廷敬說：「天下難道有餓死的宰相嗎？」陳廷敬不想多解釋，只好笑而不答。陳廷敬的門人就稱他為半飽居士，他於是寫了《半飽居士詩》，說：「我自長貧甘半飽。」陳廷敬的話並非虛言，他在京為官五十餘年，年老退休時整理行囊，並無值錢的物品，只有老屋數間，準備變賣之後歸老。

他已至七十四歲高齡，一生勞碌，無閒工夫，直到退休之後方有閒情外出郊遊。但貴為大學士，出門竟無車坐，還要向翰林院修撰王式丹（字方若）借車，可見陳廷敬清貧到了什麼程度。他還寫詩給王式丹，非常風趣地說：「聞有犢車好，從君借得無？」「長可容藤杖，寬宜掛酒壺。」意思是說，聽說你有一輛小牛車很漂亮，能不能借我用一用啊？雖不太長，但完全可以放下我的藤杖；雖不很寬，卻正好適合掛下我的酒壺。這是一位安貧樂道的老人給我們留下的瀟灑可愛的形象。

陳廷敬自奉極其簡約，與葉方藹租房為鄰，所住房屋都破舊不堪。正值夏秋雨季，兩人的住房都被大雨淋壞。陳廷敬是「夜半風雨至，屋漏成洪河」，葉方藹是「昨夜棟忽折，殷殷南山雷」，二人無奈，只能互相寫詩安慰。

陳廷敬飲食儉樸，無珍蔬膏粱，一冬只吃醃菜，自己還甚覺有味，曾賦詩曰：

殘杯冷炙易酸辛，多少京華旅食人。索莫一冬差有味，菜根占得菜花春。

（陳廷敬：《午亭文編》卷十八）

這就是陳廷敬清貧生活的寫照。號稱揚州八怪之一的文學家金農（一六八七年至一六七三年），在陳廷敬去世後十五年，仰慕陳廷敬的清德餘風，寫詩讚曰：「獨持清德道彌尊，半飽遺風在菜根。」（金農：《冬心先生詩集》）可見陳廷敬為官清廉不僅聞名於當世，而且遠播於後代。

陳廷敬退休之後，因為大學士張玉書病逝，李光地告病，朝中無人執掌內閣，康熙皇帝下令讓已經退休的陳廷敬奉旨重掌閣務。陳廷敬重掌閣務之後，典籍官按他的大學士官銜為他請俸，結果被他堅決制止了，所以他重掌內閣後並未享受在職官員的俸祿。他在詩中寫道：「莫以頭銜溷大官，萬鐘一介要心安。」（陳廷敬：《午亭山人第二集》卷二）意思是說，他自己已經退休，享有優厚的待遇，不能再以大學士的頭銜領取俸祿，只有這樣才能心安。實際上，他既奉旨重掌閣務，用現在的話說叫返聘，是應該享受大學士官俸的。

陳廷敬不僅自己潔身自好，而且特別注重教育家人後輩保持清廉之風。他的弟弟陳廷弼出任臨湘知縣，他寫詩囑咐曰：「宦途憐小弟，慎莫愛輕肥。」（陳廷敬：《午亭文編》卷十四）意思是說，小弟在宦途中，千萬要謹慎，切莫愛輕裘肥馬，要其保持儉樸的作風。他還常教導兒子陳壯履，有詩曰：「更得一言牢記取，養心寡欲是良規。」

（陳廷敬：《午亭文編》卷十八）也是要求兒子清心寡欲，克己自守。他的次子陳豫朋在關隴間做地方官達六七年之久，頗有政績，清名遠揚。他在豫朋回京之日，高興地寫詩勉勵道：「敝裘羸馬霜天路，賴汝清名到處傳。」（陳廷敬：《午亭山人第二集》卷二）

在陳廷敬重掌閣務期間，其弟陳廷弼官任廣東糧驛巡道，被人參訐（ㄐㄧㄝˊ）為貪黷。遇到這樣的事，陳廷敬大權在握，不難擺平。但職握樞機的陳廷敬聞訊後，根本未考慮也不考慮如何為其弟開脫，而是日夜驚恐，感慨萬端，寫詩告誡子孫：

豈因寶玉厭飢寒，愁病如予哪自寬？憔悴不堪清鏡照，龍鍾留與萬人看。囊如脫葉風前盡，枕伴棲烏夜未安。憑寄吾宗諸子姓，清貧耐得始求官。

（陳廷敬：《午亭山人第二集》卷二）

「憑寄吾宗諸子姓，清貧耐得始求官」，他告誡陳氏家族的子孫，如果能耐得清貧，方可求官做；如果耐不得清貧，不可求官，一旦做了官必然要貪汙受賄，觸犯法律。這句話，實際上也是陳廷敬一生始終奉行的信條。

史書對陳廷敬評價說：「清廉雖不足以盡公，而略舉數端，已足媲美楊震、鄧攸無慚色矣。」（陳康祺：《郎潛紀聞四筆》卷六）意思是說，僅僅清廉這一個方面是無法涵蓋陳廷敬的，僅從幾件事情就已經說明陳廷敬足以媲美古代的清官楊震、鄧攸，並且毫不遜色。楊震是東漢時期的著名清官，鄧攸是東晉時期的著名清官。楊震「四知」的故事很有名。他曾舉薦王密當縣令，王密就送十斤黃金給他，並且說深夜無人知道。楊震說：「天知，神知，我知，子知。何謂無知！」《郎潛紀聞》對陳廷敬的評價，足以說明陳廷敬當時清廉的名聲影響之大。

三字箴言

陳廷敬的為官之道是：清、慎、勤。這三個字，是他一生始終遵循的三字箴言。康熙皇帝喜歡寫字，常寫「清慎勤」三個字賜給大臣，要求大臣按這三個字去做。這三個字說起來很容易，做起來卻很難，很多人都做不到，但是陳廷敬做到了。在陳廷敬去世之後，康熙皇帝評價陳廷敬說：「恪慎清勤，始終一節。」（李元度：《國朝先正事略・陳文貞公事略》）意思是說，陳廷敬一生謹慎、清廉、勤政，自始至終都是這樣，從來沒有改變過。

首先說「清」字。陳廷敬的清廉，在康熙朝是非常突出的。康熙皇帝深知陳廷敬的清正廉潔。《清史稿》的宰輔列傳論贊說：「朝旨所褒許，於玉書則曰『小心』，於天馥則曰『勤慎』，英康熙皇帝御書：清慎勤曰『忠純』，琠曰『寬厚』，廷敬曰『清勤』。」意思是說，康熙皇帝對當朝的大學士都有所褒獎和稱讚。張玉書，是江蘇丹徒人，康熙皇帝稱讚他「小心」；李天馥，是安徽合肥人，康熙皇帝稱讚他「勤慎」；張英，是安徽桐城人，康熙皇帝稱讚他「忠純」；吳琠，是山西沁州人，康熙皇帝稱讚他「寬厚」；陳廷敬，澤州相國，康熙皇帝稱讚他「清勤」。

從這裡可以看出來，康熙朝這五位主要大學士，康熙皇帝都一一做過評價，另外的四位大學士，沒有一個被康熙皇帝稱讚為「清」的，只有陳廷敬一個人稱得上「清」字，說明陳廷敬一生清廉，難能可貴，在康熙朝確實是首屈一指。

其次說「慎」字。

慎的意思是做事認真負責，小心謹慎，一絲不苟。「慎」有小心謹慎的意思，但不能誤認為是膽小怕事。

陳廷敬於康熙三十年（一六九一年）六月任刑部尚書，就對刑部存在的一些弊病和刑部官員存在的問題，進行了深入詳細的了解，並且對症下藥撰寫了《刑部堂諭》，嚴飭所屬。刑部機構比較龐大，職官總數多達四百多人。因此，陳廷敬所發布的堂諭，首先針對刑部官員的問題，提出了「刑官之要」四條：

一要格非心。刑部掌管刑法，事關犯人的生死存亡、骨肉分離，所以作為刑官，必須「上體聖主好生之德，下盡人臣奉法之心」，匡正一切邪念，認真了解案情，研究案情，唯恐對案件的處理未得盡善。更不得行之以私心，對犯人妄加戮辱。嚴禁「枉法行私，招搖納賄」。

二要審律例。犯罪有輕重大小，唯憑此一定之律進行分析判決。所以要求刑官對案件的判決必須具稿說堂（寫出稿件，在堂上陳述理由，堂官參與討論定奪），根據律例細加詳酌，不可草率。並規定了辦案期限，要求滿漢司官共同畫押，方可定案。

三要清堂規。要求刑官，凡急公辦事，必須井井有條，上下整肅。凡辦事說堂，必須大公無私，同心協力。說堂者必須盡情剖白，聽聞者亦不至耳目混淆。自後遇說堂時，必挨次定規。當係某司說堂，則某司官員上堂定稿，不可多帶無關人役，擠滿公堂，全無體統。

四要懲猾吏。凡是到本部投告之人，如果沒有花錢買通衙役，雖有沉冤，也難以達於官長。有人到本部辦理投文領批等事，衙役都要索取錢財。至於重監罪犯，於入監之時，必厚贈牢頭及眾禁卒，遂得寬鬆。牢頭禁卒，見罪犯有體統，便巴結以圖賞賜；見罪犯貧苦，必欺詐勒索。部屬的文書吏員，初入衙門時貧苦異常，受賄行私半年數月之後，便狷獗招搖。堂辦、火房、書吏、皂役等交通各司，干預辦案，在外招搖。所有這些奸猾役吏，必須依法嚴加懲處，絕不寬貸。

陳廷敬在這一堂論中，事無巨細，陳述了刑部官員的任職狀態，詳細地指出了刑部各司在審禁犯人中存在的諸多弊病，尤其是對奸猾役吏制定了明確嚴厲的懲處措施，體現出他求實、謹慎、負責、敬業的為官精神。

陳廷敬對於朝廷政事，認真負責，謹慎有加，但又極講原則，絕不怕事。比如，康熙二十九年（一六九〇年），康熙皇帝下旨命大臣舉薦清廉的官員，陳廷敬認為靈壽知縣陸隴其廉且賢，清苑知縣邵嗣堯廉而剛，寫好奏疏置於袍袖之中。五月初一，康熙皇帝臨朝，大臣剛進朝門，陳廷敬一邁上階梯，康熙皇帝就注目陳廷敬。等班次站定之後，康熙皇帝又數次注目陳廷敬，好像是讓陳廷敬說話。陳廷敬想，自己是左都御史，論次序在六部尚書的後面，康熙皇帝沒有明令讓自己說話，還是按次序來吧。六部尚書開始舉薦，康熙皇帝沒等六部尚書說完，就直接問陳廷敬：「究竟誰是清官？」陳廷敬早有準備，上奏舉薦了陸隴其、邵嗣堯兩位知縣，說：「知縣陸隴其、邵嗣堯皆天下清官，雖治狀不同，其廉則一。」康熙皇帝後來就把這兩人升為御史。

陸隴其，字稼書，浙江平湖人，康熙九年（一六七〇年）進士。康熙十四年

（一六七五年）四月授嘉定（今屬上海市）知縣，到任後抑制豪強，整頓胥役，自奉儉樸，以德教化百姓，深受鄉民愛戴。離任時只帶幾卷圖書和妻子的織布機，民眾數千人扶老攜幼攀轅泣留。康熙二十二年（一六八三年）授直隸靈壽（今屬河北省石家莊市）知縣。靈壽土地貧瘠，百姓貧困，勞役繁多，而民俗輕薄。陸隴其輕傜薄賦，疏解民困，並實行鄉約制度，反覆教育百姓，務必去除好鬥輕生的習俗。

邵嗣堯，字子昆，山西猗氏縣（今山西臨猗縣）人，與陸隴其為同年進士。授山東臨淄縣（今山東淄博市臨淄區）知縣，以清廉慈惠著稱。康熙十九年（一六八〇年）補直隸柏鄉（今屬河北省邢臺市）知縣。在任興修水利，減輕賦稅，禁止差役擾民。時大學士魏裔介為會試座師，其家人犯法，邵嗣堯嚴懲不貸。旗丁仗勢犯法，邵嗣堯不為所動，依法繫獄論罪。大盜殺人於縣界，立刻抓捕懲辦。後遭人誣陷，以濫用酷刑被奪職。尚書魏象樞巡視，百姓為他申訴，才得以昭雪，補直隸清苑（今河北省保定市清苑區）知縣，更加感奮自勵，屢斷疑獄，人們把他比作宋代包孝肅（包拯）。

在此之前，陳廷敬準備舉薦陸隴其和邵嗣堯的時候，陳廷敬的朋友曾經勸陳廷敬說，陸隴其和邵嗣堯這兩個人太過剛直，太過剛直的人容易敗折，並且招怨，難免出事，恐怕將來會連累你。陳廷敬聽了，不以為然，說道：「果賢歟，雖折且怨，庸何傷！」（《清史稿》卷二六七）意思是說，如果真的是賢才，即使易折招怨，又有什麼傷害！他不聽朋友勸告，照樣舉薦了這兩個人。這說明陳廷敬不是膽小怕事的人，不是只為自己的安危考慮的人，他做事情總是把原則放在首位。

據李光地記載，高士奇心狹量窄又頗多心計，得志便猖狂。翰林學士潘耒、朱彝尊都是著名的文學家，康熙二十三年（一六八四年）在南書房入直之時，因與高士奇談論詩文時發生爭執，高士奇便懷恨在心。一日，他對陳廷敬說：「如此等輩，豈獨不可近君，連翰林如何做得？」希望得到陳廷敬的附和，但陳廷敬深知高士奇人品低劣，針鋒相對地駁斥說：「如此等人做不得翰林，還有何人可做？」又說，潘耒雖然年輕一些，而朱彝尊則是老成人。高士奇本為監生出身，入考時為陳廷敬所取，故對陳廷敬有老師之稱。但聽到陳廷敬稱讚朱彝尊是老成人時，「便無復師生禮，忿然作色曰：『什麼老成人！』將手爐竟擲於地，大聲曰：『似此等，還說他老成人，我斷不饒他！』」對於高士奇的狂妄無禮，陳廷敬氣憤至極，數日不入南書房，直到康熙皇帝詢問，又派遣侍衛招呼，方才入南書房。高士奇因推薦郭棻為學士，而郭棻未給他送禮，高士奇又對陳廷敬說：「郭棻如何去得？」是說要把郭棻（ㄈㄣ）排擠出去。

郭棻是直隸清苑（今屬河北省）人，順治九年（一六五二年）進士，善文工書。陳廷敬說：「北方如此人，還算好的！」高士奇又忿然說：「渠之得為學士，誰之力也？皆予為之左右，得至於此，從來不曾見他一匹緞、一支銅杯，這樣的人還說他好？」（李光地：《榕村語錄續集》卷十四）不久，三人果然皆被他驅逐出去，囂張氣焰可見一斑。其時，高士奇職司翰林院侍講學士，官不過從四品，竟然如此張狂，憑藉的是康熙皇帝對他的恩寵。因此，陳廷敬雖然力主正義，但對康熙皇帝的寵臣也只能無可奈何。

陳廷敬不喜阿諛奉承，對康熙皇帝也不例外。

康熙二十九年（一六九〇年）二月，陳廷敬再起，被特旨補為都察院左都御史。他發現言官奏事，在奏章中連篇累牘地歌頌皇帝，認為這是一種不好的文風，所以他要求言官上疏不要一味讚頌皇帝。四月十一，他在《直陳言官建白疏》中說，言官的讚頌「既不足以揚盛美於萬一，而於言事之體有不當然者」。意思是說，皇帝的功德記載在史書上，言官的讚頌並不能增加皇帝的功德，反而不符合奏章的體裁要求。他又說，皇帝日理萬機，這樣的文章冗雜繁蕪，看起來耽誤時間。總之，不主張言官在奏章中大量寫歌頌皇帝的言辭。

康熙皇帝雖然是個很開明的皇帝，但也喜歡聽歌頌之詞。儘管這些歌頌毫無用處，看起來無端浪費時間，但他還是願意聽，願意看。因此陳廷敬上了這一道奏章之後，康熙皇帝很不高興，下旨駁斥。伴君如伴虎，陳廷敬沒想到這一條意見，皇帝竟聽不進去。面對皇帝的駁斥，他著實吃驚。半年之後他曾向御史陸隴其提起此事，說：「言職之難，當鄭重。今年春，章奏不宜專讚頌一疏，欲先探皇上之心而後盡言，竟不見合，可見其難。」（陸隴其：《三魚堂日記》卷下）但他還是認為自己的觀點正確，堂而皇之地將這篇文章收入自己的文集中。這說明陳廷敬是有觀點、有稜角的人，剛直不阿，對皇帝也是如此，這種品德太難得、太崇高了。

舉薦賢才，不計個人得失；主持公正，不懼囂張氣焰；上疏建言，不惜犯顏直諫。陳廷敬兼而有之，誠屬難能可貴。李光地曾經批評陳廷敬說：「大約澤州是錢塘黃機、漢陽吳正治輩，但知趨避，自為離事自全。」（李光地：《榕村語錄續集》卷十四）黃機、吳正治都是順治、康熙時期的大臣，皆官至大學士。《清史稿》說黃機「老成忠厚」，吳正治「守成法，識大體」，這一點與「慎守無過」的陳廷敬頗為相似。但是把陳廷敬的「慎守無過」，僅僅歸結為「但知趨避」，「離事自全」，也未必恰當。

最後說「勤」字。在康熙朝，陳廷敬不僅擔任部院大臣、宰輔大臣等重要職務，而且還有很多兼職。他兼任修書總裁，要常年為國家編書；他還兼任經筵講官，要經常為皇帝講解經史；他還兼任南書房大臣，要常常陪伴康熙皇帝討論學問，探討政事。這就注定了陳廷敬非常繁忙，應接不暇。但他做事非常勤懇，認真細緻，從不偷懶，是勤政的典範。

康熙皇帝讓陳廷敬管理戶部錢法，是因為國家的錢法出了問題，同時戶部在錢法方面有很多積弊，單鑄錢一項，就存在嚴重的浮冒現象。比如，鑄錢需要用多少銅，用多少工匠，給多少工錢，用多少輔料，都有浮冒。也就是上報的多，實際用的少，官員以此中飽私囊。

陳廷敬為查清錢法方面的積弊、減少工料浮冒，親自帶著稽查科道和監督官員等，來到寶泉局，新開一爐，看鑄三次，根據實際鑄造錢幣的情況定出耗工耗料的標準，一一上奏皇帝，永為定式。

一、核定耗銅額度

舊例，每鼓鑄銅一百斤，折耗銅十二斤，淨銅八十八斤，得錢十串〇五十七文。陳廷敬會同科道監督，於衙門前別造一爐，看鑄三次，每銅一百斤折耗十二斤、九斤、八斤不等，並無一定之數，皆由銅的好壞來定。原來每百斤折耗銅十二斤，殊屬浮多。平均折算，每銅百斤折耗九斤，核減三斤。這樣一年用銅共二百六十九萬二千三百〇九斤六兩，節省銅八萬〇七百六十九斤四兩，可以多鑄錢九千二百三十串〇七百六十九文，相當於節省了九千二百三十兩銀子。

二、核定工匠工錢

鑄錢需要很多工匠，這些工匠的工錢多虛報浮冒。陳廷敬透過現場觀察，根據實際工作量核定了工匠的工錢，革除了浮冒虛報的現象。舊例，每鼓鑄銅百斤，匠工錢一千四百九十文，每日只鑄銅一百斤，所給工價浮多。現經過實驗，一日可鑄銅二三百斤，則所給匠工錢應行核減：

化銅工匠一名，工錢一百八十文，減六十文，給一百二十文。

造錢樣（錢樣是鑄錢用的模型）工匠二名，工錢二百五十文，減七十文，給一百八十文。

雜作工匠二名，工錢一百九十文，減七十文，給一百二十文。

刷灰工匠一名，工錢一百文，減三十五文，給六十五文。

銼邊（鑄出的新錢邊上不光滑，需要銼光滑）工匠一名，工錢一百文，減三十文，給七十文。

滾邊（銼邊之後進一步打磨叫滾邊）工匠一名，工錢八十文，減十五文，給六十五文。

磨洗工匠二名，工錢三百文，減四十文，給二百六十文。

細錢匠一名，工錢六十文，減二十五文，給三十五文。

此八項工匠之外，又匠頭二名，所給工錢一百四十文。此二名匠頭，只買各匠役食料送入局內，及雇募各項匠役，並非鑄造之人，所給錢一百四十文，浮冒太多。此匠頭二名，每人給錢八十文，減六十文。

爐頭工原給九十文，減三十文，給六十文。以上工匠共減錢四百三十五文，每年共減錢一萬一千

七百一十一串五百四十四文，相當於節省一萬一千七百一十一兩銀子。

三、核定物料價錢

舊例，鼓鑄銅百斤，用物料錢一千二百〇五文。經過試驗，每鑄銅一百斤之物料，可鑄二百斤。前所給價值浮多，亦應核減：

每化銅百斤，用煤一百五十斤，每斤算錢四文，共用錢六百文。每爐終日燒煤不過三百斤，可化銅三四百斤，則每銅百斤用煤一百五十斤太多，且價格浮冒。減五十斤，

給一百斤。每斤減錢半文，給錢三文半，共減錢二百五十文，給三百五十文。

化銅用罐四個，每個用錢八十文，共用錢三百二十文。現在每罐減錢二十文，給錢六十文，共減錢八十文，給二百四十文。

木炭錢五十五文，計時價可買炭十斤有餘。木炭僅用來引火及磨面撒沙模之用，減錢十五文，給四十文。

鹽錢六十文，計時價可買鹽六斤。鹽用於初化銅時，已經化過的銅，再化時並不用鹽。其六斤太多，減錢四十文，給二十文。

造錢樣所用黃沙六十文。用沙雖多，但用過的沙還可再用，只需增添一些就行了，其六十文稍浮，減錢十文，給五十文。

又每銅百斤鑄錢七串有餘，解送戶部，給車腳錢五十文。寶泉局距戶部不過六七里，運七串錢，用車腳錢五十文太浮，減錢二十五文。

串錢繩，每十串錢，用串繩錢六十文，亦多，減錢二十文，給四十文。

以上物料共減錢四百四十文，每年共減錢一萬一千八百四十六串一百五十九文。相當於節省一萬一千八百四十六兩銀子。

以上三項每年總共節省三萬二千七百八十七兩銀子，這是一筆驚人的數字。戶部是管理國家財政的衙門，單鑄錢一項，每年就有三萬二千多兩銀子的浮冒。由此可以看到，陳廷敬對於自己的職責所在是多麼勤勉，細緻入微，一絲不苟。同時也可以想見，他做到這一步需要付出多少辛勤的勞動。

康熙二十三年（一六八四年），陳廷敬就任都察院左都御史，京畿重地「盜竊公行，居民不得安靜」（《康熙起居注》），但關於由哪一部門主管此事，朝內意見不一。於是陳廷敬自告奮勇，上奏皇帝說：巡捕營緝拿罪犯的差役，未必能盡得其用。都察院下屬的五城御史，手下的衙役甚少，無濟於事。如果能讓五城御史兼轄巡捕營的差役，由臣嚴加整飭，察拿盜賊，可使人人各盡其力。最後康熙帝同意了他的意見。

此事決定之後，陳廷敬對北京城內的「地方民生利弊，莫不留心訪察」，結果發現存在的問題很多，便親自撰寫了《嚴飭禁剔病民十大弊，以靖地方、以安民生事》，作為都察院的堂示（即布告），於康熙二十四年（一六八五年）八月予以發布。他所列舉的「十大弊」，既包括盜竊、抄搶等刑事犯罪，也包括賭博等社會不良習俗和民事糾紛；既涉及民間犯罪，也涉及官吏的不良作風。尤其是對地方官吏的種種不法行為，堂示中揭示甚詳，有關衙門胥吏的就有兩弊：

其一，禁誣扳。陳廷敬指出，每遇地方出事，衙門的差役捕快四出擒拿，得到一個嫌犯，便不問真假，先以嚴刑拷打，然後授意妄加誣扳。嫌犯無奈，只好供出良民。差役捕快便糾集黨徒前去捉拿，闖入民戶，掠其資財，辱其妻女，任意誣陷。真正的盜賊逍遙法外，良民百姓反而遭受了極大的禍殃。陳廷敬氣憤地指出：「肆毒若斯，真堪髮指！」

其二，禁蠹役。陳廷敬指出，社會上作惡多端的「積習巨猾」，必借衙門為護身符。一些衙門裡的番役捕快，多年盤踞衙門，都成了大奸大害，賊盜「依此輩為泰山」，小民「畏此輩如猛虎」，「凡盜窩盜線，城市多事，莫不由此輩而生。」他強調，以後如有此輩憑空生事，其上級官員不嚴查拿究，「即行從重參處，絕不姑縱」。

陳廷敬把一些有關緝盜的衙門和人員的誣良民為盜、嚴刑逼供、任意株連、趁機搶掠的種種不法行為，揭示得非常徹底，從而抓住了京城盜賊橫行的根本原因。揭示這些弊端，是陳廷敬認真仔細調查的結果，是他一貫勤政務實作風的具體體現。

陳廷敬認為所列的十大弊，對良民百姓危害極大，所以稱為「病民十大弊」，必須「嚴飭禁剔」，故在堂示的最後嚴厲指出：「以上十條，法在必行。該地方官不行嚴察禁除，仍蹈前轍者，或經本院訪聞，或經被害首告，一有發覺，官則特簡題參，蠹棍立正大典。」體現了他一貫利國得民的思想和疾惡如仇、執法如山、雷厲風行的辦事風格。

康熙二十六年（一六八七年）二月，陳廷敬剛升任戶部尚書，就發現戶部的司官辦事敷衍塞責，怠忽職守，草率從事，司官呈堂的文件不按規定認真畫押，部堂批駁的案件也不查前案情節明白回覆。於是他撰寫戶部堂諭，說：「本部總理天下錢糧，關係甚重，設司分掌，責有攸歸。」他要求，從此以後，各司必須認真辦事，仍有漫不經心者，定行查究。陳廷敬就是這樣，做事勤勉認真，一發現問題便立即想方設法糾正，絕不拖延，直到徹底解決為止。

康熙四十二年（一七〇三年）四月，陳廷敬升任大學士，每天要輔佐皇帝辦理政務。內外大臣有關政治、軍事、經濟、文化以及人事等方面具體事件的奏摺非常多，每件奏摺都需要大學士先行閱讀，擬定處理意見，稱為「票籤」。經皇帝退回的「票籤」，需要大學士再以折本請旨。經皇帝朱批的奏摺，還需要內閣下發辦理。除此之外，皇帝還經常召見他們共商國是，因此大學士的工作非常忙碌。前後同朝的大學士，陳廷敬是唯一入直南書房的大臣，所以他比其他大學士還要繁忙，還必須到南書房看密折，擬密旨，受皇帝諮詢，審閱書稿。退休之後僅半年時間，他就奉命再次入閣辦事，直到病重不起，他還在臥榻上撰寫《皇清文穎》告成進呈表，上奏皇帝。陳廷敬以古稀高齡衰邁之身，承擔如此繁重的工作，難免不堪重負，積勞成疾。

陳廷敬之所以能夠成為康熙皇帝心目中最可信賴、最為倚重的大臣，靠的不是花言巧語，不是阿諛奉承。事實上他性格內向，不善多言，不苟言笑。他主張用身言，不用舌言，靠的是始終默默地奉行著「清慎勤」三字箴言，因而被康熙皇帝譽為「恪慎清勤，始終一節」，可謂達到了封建社會人臣的最高境界。

宦海驚濤

陳廷敬在宦途生涯中，儘管以清廉著稱，但還是經歷了一次重大的挫折，那就是發生在康熙年間的張汧（ㄑㄧㄢ）貪黷案，陳廷敬因為和張汧是親家而受到了牽連。

張汧，字蕙（ㄏㄨㄟˋ）嵲（ㄧㄝˋ），號壺陽，山西高平人，順治三年（一六四六年）進士。由翰林改禮部的下屬官員，歷任江西、河南、福建、浙江、直隸、陝西糧鹽道，後升貴州按察使、福建布政使。工書法，有文名，著有《壺陽集》。

陳廷敬是順治十五年（一六五八年）進士，比張汧晚四科。張汧和陳廷敬既是同鄉，又是同僚，由於這樣的關係，陳廷敬的次女嫁給了張汧的兒子拔貢張櫄（ㄑㄧˊ），二人結成了兒女親家。

張汧在官場上處事，和陳廷敬迥然不同。史稱陳廷敬「甘心自下」，從不和人爭高低，更不攀附權貴，在歷史資料中根本找不到他結交權貴的蛛絲馬跡。張汧則喜歡攀附權貴，他巴結當時權傾一朝的大學士明珠，和明珠的關係非常密切，《清史稿》多處記載張汧是權相明珠的私人。張汧官至福建布政使，是總管一省民政、財政的官員，由權相明珠薦引任湖廣巡撫，成為一省的最高軍政長官。

同時，湖廣按察使張仲舉升任福建巡撫。

張仲舉，漢軍鑲紅旗人，由筆帖式（清代部院衙門的文書檔案官員）任通政司知事，歷泉州府（今福建省泉州市）知府、興（興華府）泉（泉州府）道，擢江西按察使，遷山東按察使、湖廣布政使。

張汧在福建布政使任上虧損庫銀三十餘萬兩。張仲舉在湖廣亦虧損庫銀。張汧與張仲舉都是布政使，都虧空了庫銀，又互換了地方，同時升為巡撫，於是他兩人便暗中相約，互相彌補對方虧空的庫銀。張汧到了湖廣巡撫任上，為了彌補庫銀虧空，立即設法斂財，凡是可以搜括錢財的地方都不放過，鹽商、錢局、碼頭都要搜括，甚至市場上的招牌，都要按數派錢。並且藉口前任虧空，勒索下屬官員出銀抵補，搞得官員和商人都怨聲載道。

張汧屬下的荊南道道臺祖澤深，為人狡惡橫暴，所到之處竭澤而漁，搜刮殆盡。

祖澤深為荊南道道臺，素有貪婪之名。巡撫張汧便借故向祖澤深敲詐，索銀一萬兩。祖澤深憑藉自己的後臺是大學士余國柱，又對皇帝的近臣高士奇有恩，有恃無恐，拒絕了張汧的勒索，張汧便懷恨在心。一日，張汧宴請總督徐國相，飲酒至半酣，屏去左右密語。此時，宴席間助興的戲子皆退出，只有一個旦兒（扮演旦角的戲子），因病臥於戲箱中，不能起身。同伴於匆忙之際，只好合上戲箱的蓋子自己離去了。巡撫張汧與總督徐國相密謀彈劾祖澤深，歷數祖澤深貪贓徇私的證據，結果被臥於戲箱中的旦兒全部聽到。恰巧這個旦兒是祖澤深的男寵，和祖澤深的關係非常密切，他就立即把這件事告訴了祖澤深。祖澤深急忙派人揭發張汧貪贓，並且寫信讓高士奇和徐乾學為之周旋。高士奇和徐乾學先把祖澤深揭發張汧的事報告了皇帝，過了半個月之後，張汧彈劾祖澤深的奏疏才到，這樣就形成了巡撫、道臺互相攻擊揭發的局面。

案發之後，康熙皇帝非常重視，因為張汧是湖廣巡撫，是管理一省軍政的方面大員，他既然參劾祖澤深貪贓，朝廷就要立案審理。祖澤深雖然也參劾了張汧，但因為祖澤深官小，參的是巡撫，對於一個巡撫，不可能有人參劾就隨意立案審理。因此，康熙皇帝命戶部侍郎色楞額為欽差臣，到湖廣查審，第一項任務是要審清祖澤深貪贓的事實，第二項任務是要在暗中祕密察訪張汧有無穢跡。

荊南道道臺祖澤深與上層交往甚廣，而且以大學士余國柱為後臺。余國柱是湖北人，官至武英殿大學士，與權相明珠勾結，人稱「余秦檜」，可見其人品低劣。色楞額要去湖廣審案，大學士余國柱囑咐色楞額徇庇祖澤深。色楞額到湖廣之後，又接受了張汧的賄賂，回來之後，百般為張汧和祖澤深開脫，隱瞞真情，欺罔不報，掩蓋了二人的貪贓情事，一樁大案就這樣消弭於無形。

湖廣巡撫張汧，是大學士明珠的私人，這是眾所周知的事。他恃勢貪暴，言官懾於明珠的權勢，沒有人敢站出來說話。

這時有一個御史名叫陳紫芝，字非園，浙江鄞（ㄧㄣˊ）縣人，康熙十八年（一六七九年）的翰林。此人正直敢言，他氣憤不過，就站出來說話了。

康熙二十六年（一六八七年）十二月十八，康熙皇帝在乾清宮聽政，陳紫芝上疏參劾湖廣巡撫張汧貪贓，侍郎色楞額初案不實。他說：「汧蒞任未久，黷貨多端，凡地方鹽引、錢局、船埠（ㄅㄨˋ），靡不搜括，甚至漢口市肆招牌，亦按數派錢。當日保舉之人，必有賄囑情弊，請一併敕部論罪。」（《清史稿》卷二八二）陳紫芝參了兩條：第一條，張汧貪黷多端；第二條，將保舉張汧之人論罪。康熙皇帝接到陳紫芝的奏章，問曰：「張汧居官何如？」吏部尚書陳廷敬回奏曰：「張汧係臣同鄉親戚，性行向來乖戾。」

後來康熙皇帝又說：「張汧大貪大惡，只以恃財橫行，無人敢言。陳紫芝獨能彈劾，甚為可喜。」立即下命令將張汧革職拿問，並且派出三名欽差——直隸巡撫于成龍、山西巡撫馬齊、副都御史開音布，一齊前往湖廣會審。臨行之時，康熙皇帝又吩咐于成龍、馬齊、開音布說：「爾等往審此事，須就款鞫問，不可蔓延。若蔓延，則牽累者多矣。倘有別事，爾等記來密奏。」（《康熙起居注・二十七年四月二十七》）

這裡所說的于成龍並非號稱「一代廉吏」的于成龍。一代廉吏于成龍是山西永寧州（治所在今山西呂梁市離石區）人，字北溟，已經在康熙二十三年（一六八四年）故去。這一位于成龍，比山西于成龍年齡小，字振甲，是漢軍鑲黃旗人，也是著名的廉吏。康熙十八年（一六七九年，山西于成龍任直隸巡撫，漢軍于成龍任通州知州。山西于成龍對漢軍于成龍賞識有加。山西于成龍升任兩江總督，上疏向皇帝推薦了漢軍于成龍。康熙二十五年（一六八六年）二月，漢軍于成龍也升到直隸巡撫。

馬齊，富察氏，滿洲鑲黃旗人，康熙二十四年（一六八五年）任山西布政使，升為山西巡撫。開音布，西林覺羅氏，滿洲正白旗人，任左副都御史，是都察院的副長官。這三位欽差大臣，兩位是巡撫，一位是副都御史，並且馬齊、開音布都是滿人。于成龍雖不是滿人，卻是漢軍旗人，身分非同一般。三人又以清廉著名。這是針對湖廣巡撫張汧的身分去的。

三位欽差到了湖廣，將張汧和祖澤深革職拿問，查出來張汧和祖澤深的貪汙俱是事實，並且查出了祖澤深結交大學士余國柱，余國柱囑咐戶部侍郎色楞額庇護祖澤深及張汧曾經派人赴京行賄的事實。

于成龍、馬齊、開音布三位欽差審問張汧時，因為張汧曾經派人帶著銀子赴京，所以要追究張汧向何人行賄。張汧開始供認，所行賄的人甚多，不能夠全部數出來。後來又交出了與高士奇、徐乾學、陳廷敬來往的書信，說：「予已老，為布政足矣，豈敢妄意巡撫？無奈諸公督促之，云若不為巡撫，豈獨無布政，且不免禍。今其書俱在也。」（李光地：《榕村續語錄》卷十四）意思是說，我已經年老了，當一個布政使就心滿意足了，根本就沒有想做巡撫的意思，是高士奇、徐乾學、陳廷敬這三個人鼓動我做巡撫，說如果不做巡撫，不僅做不成布政使，而且不能免禍。於是，于成龍等將各人給張汧的信件帶來交予皇上。

康熙二十七年（一六八八年）四月，康熙帝下旨：「張汧、祖澤深皆係貪官，著依議完結。至保舉張汧之官，俱議革職。」（《康熙起居注·二十七年四月二十七》）這樣，湖廣巡撫張汧因「藉口前任虧空，勒索屬員出銀抵補，又派收鹽商銀，共貪汙銀九萬餘兩」、荊南道道臺祖澤深因「勒索百姓銀八百兩入己」，均被判處絞刑。侍郎色楞額因「查審張汧、祖澤深案時徇情失實」，被判處斬刑。以前保舉張汧為巡撫的官員，有侍郎王遵訓、學士盧琦、大理寺丞任辰旦，皆革去官職。

張汧的貪黷案完結了，至於高士奇、徐乾學、陳廷敬三人與張汧有書信往來的事，康熙皇帝認為只是書信往來，並非實據，不必追究。康熙皇帝說：「不欲此事蔓延者，誠恐牽累眾人，實非偏徇。」事實上，康熙皇帝不讓深究此事，是為了保護徐、高和陳廷敬。因為這三人都是南書房大臣，學問和文章都很特出，歷來受到康熙皇帝的賞識和器重，所以康熙皇帝曲予保全。

徐乾學為了開脫，便賄賂康熙皇帝左右的人，借他們的口向康熙皇帝進言說：「張汧用銀，又有送銀子者，陳廷敬也；收銀子者，高士奇也。與徐乾學實無涉。」（李光地：《榕村續語錄》卷十四）徐乾學把自己推得一乾二淨，實際上明眼人一看，這句話簡直就是此地無銀三百兩。試想，如果這件事真的與徐乾學無關，他怎麼能知道這件事的機密，怎麼能知道為張汧送銀子的是陳廷敬，收銀子的是高士奇？這恰恰說明這件事與徐乾學脫不開關係。事實上，是徐乾學向張汧要銀子，後來張汧的銀子不湊手，徐乾學又命人參劾張汧，翻手為雲、覆手為雨的不是別人，而是徐乾學。

這時，兵部尚書張玉書乘機落井下石。

張玉書，字素存，江蘇丹徒人，是清順治十六年（一六五九年）進士，比陳廷敬晚一年，資歷與陳廷敬相近。陳廷敬此時是吏部尚書，張玉書是兵部尚書，雖然說官階相等，但六部的排位，吏部尚書是天官，戶部尚書是地官，然後禮、兵、刑、工四部尚書分別以春夏秋冬為序，稱為春官、夏官、秋官、冬官。這樣陳廷敬在六部尚書中是吏部天官，居於首位，張玉書是兵部夏官，在六部尚書中居於第四位，遠在陳廷敬之後。他看到陳廷敬捲入了親家張汧的案件中，覺得有機可乘，為了掃清自己升官的道路，立即叫來在都察院任御史的門生，上奏參劾，說：「張汧有親戚在京為之營辦，宜窮治！」這親戚就是指陳廷敬，窮治就是說要把這件事追究到底。

李光地說：「楚撫獄起，忌者以公有姻牽連，中公，鉤致卒無所得。」（李光地：《說岩陳公墓誌銘》）意思是說，湖廣巡撫張汧案發生之後，嫉妒陳廷敬的人以陳廷敬和張汧有姻親關係而攻擊陳廷敬，鉤索羅織，終無所獲。

陳廷敬在這次案件中受到了牽連，雖然沒有什麼實質性事實，但他身為吏部尚書，身居高位，遇到了這樣的事，只好引咎辭職。他就向康熙皇帝上疏，說自己歷來謹慎奉職，不徇親黨，不阿友朋，上恐辜聖主之殊恩，下欲全微臣之小節，沒想到張汧一案，飛語中傷。他對這件事做了解釋，他說，假如我對張汧有徇私情弊，張汧必然對我感恩，怎麼會牽制我呢？他說：「汧雖臣戚，涇渭自分，嫌疑之際，尤臣所慎。」（陳廷敬：《午亭文編》卷三十一）意思是說，我雖然和張汧是親戚，但涇河之水是清澈的，渭河之水是渾濁的，自古以來就不一樣。我既然受到了嫌疑，所以要更加謹慎，辭職閉門思過。他又說，自從被誣陷以來，「神志摧沮，事多健忘，奏對之頃，失其常度」（陳廷敬：《午亭文編》卷三十一）。因此他請求隱退田園。對此，康熙帝傳旨：「據奏，情詞懇切，著以原官解任。其修書總裁等項，著照舊管理。」（《康熙起居注・二十七年五月初六》）同時，徐乾學和高士奇也上疏辭職，一齊被解任。

但康熙皇帝沒有讓他們回籍，因為陳廷敬、徐乾學、高士奇這幾個人除了本身所任的正式職務外，還有兼職，主要兼職是修書和南書房行走。康熙皇帝要他們留京繼續修書，繼續入直南書房。他們仍然保留著原來的官職品級，仍然可以在南書房接近皇帝。

由於康熙皇帝的曲予保全，不同意對徐、高、陳廷敬三人的問題進行徹查，張汧出任湖廣巡撫，究竟是不是像張玉書的「門人」所說的那樣，由陳廷敬為之「營辦」，陳廷敬是不是真的收過張汧的銀子，就成了千古懸案。根據當時的情況考查，如果陳廷敬真要為張汧「營辦」的話，以陳廷敬與康熙帝的密切關係，他完全可以直接向康熙皇帝引薦。但是，當張汧案發時，康熙帝曾當面問：「張汧居官何如？」陳廷敬回答說：「張汧係臣同鄉親戚，性行向來乖戾。」這樣的回答可以證明，陳廷敬對張汧並無好感，不可能向康熙皇帝推薦張汧。如果他推薦過張汧，推薦時肯定為張汧說了好話，與現在的回答豈非自相矛盾？如果他真為張汧說過好話，時間過去並不太長，康熙皇帝豈能忘記？顯而易見，陳廷敬肯定沒有向康熙皇帝推薦過張汧。

那麼，張汧出任湖廣巡撫，究竟是誰舉薦的呢？據《清史稿・徐乾學傳》載：「湖廣巡撫張汧亦明珠私人。」《清史稿・明珠傳》說：「蔡毓榮、張汧皆明珠所引薦者也。」明確指出張汧是明珠引薦的。《清史稿・陳紫芝傳》說：「湖廣巡撫張汧，大學士明珠所私也，恃勢貪暴，言路莫敢摘發。」更進一步指出，張汧的貪暴是憑藉大學士明珠的權勢，所以沒有人敢揭發他。

康熙二十七年（一六八八年），僉都御史郭琇參劾明珠，說：「御史陳紫芝參劾湖廣巡撫張汧疏內，並請議處保舉之員。皇帝面諭九卿應一體嚴加議處，乃票擬竟不書寫，則保舉張汧原屬指使，於此可見矣！」（蔣良騏：《東華錄》卷十四）意思是說，御史陳紫芝在參劾湖廣巡撫張汧的奏章中，一併要求處分保舉張汧的官員，皇帝也在九卿會議上當面下旨，要求對保舉張汧的官員一併嚴加議處。但是，內閣在擬定處分意見時，竟然沒有寫這句話。內閣票擬是明珠主持的，不寫這句話，是要包庇保舉張汧的官員。由此可見，保舉張汧的官員原來都是受明珠指使的。

更有甚者，陳紫芝參劾張汧之後，受到了康熙皇帝的表彰，擢升為大理寺少卿，不久便死去。「或傳紫芝一日詣朝房，明珠延坐進茗，飲之，歸遂暴卒云。」（《清史稿・陳紫芝傳》）意思是，當時有人說，有一天陳紫芝到朝房去，大學士明珠請他坐下喝茶，他喝了茶回去就暴斃了。陳紫芝正直敢言，卻為此付出了血的代價。

這些記載完全能證明張汧是明珠私黨，張汧升任巡撫是由明珠舉薦，張汧貪暴是憑藉明珠勢力，是明珠一直在阻撓查辦張汧貪汙案。明珠是滿人大學士，位極人臣，權傾朝野，陳廷敬無法與之比擬。張汧有此奧援，自然無所忌憚，貪得無厭，難怪陳廷敬給他下了「性行向來乖戾」的評語。

涇渭分明

震動朝野的張汧案了結了，牽連出來的三位大臣陳廷敬、徐乾學、高士奇，一齊被解任，在京修書。

徐乾學（一六三一年至一六九四年），字原一，號健庵，又號東海，江蘇昆山人。康熙九年（一六七〇年）探花，授編修。康熙二十四年（一六八五年）進入南書房，升內閣學士，遷禮部侍郎，值講經筵。康熙二十六年（一六八七年），遷左都御史，升刑部尚書。

高士奇（一六四五年至一七〇四年），字澹人，浙江錢塘人。高士奇家道貧困，徒步從家鄉來到京師，以秀才入國子監，與大學士索額圖的家僕結為好友。家僕將他推薦給索額圖，又由索額圖推薦給康熙皇帝，入內廷供奉，遷內閣中書，享受六品俸祿。康熙十九年（一六八〇年），授任翰林院侍講，充日講起居注官，累升詹事府少詹事。

徐乾學學問好，文章寫得好；高士奇擅長詩文，又精書法。二人與陳廷敬都是南書房大臣，都是受康熙皇帝重用的近臣，又互相以詩文學問相推崇。高士奇是國子監的學生，陳廷敬做過國子監的司業，是高士奇的老師，所以高士奇在陳廷敬面前執弟子禮。

徐乾學和高士奇都是權力欲非常強的人，他們兩人互為表裡，招搖納賄，而陳廷敬卻遠離政治鬥爭的漩渦，從不結黨營私。陳廷敬等三人雖然都罷了官，但康熙皇帝對他們還是很信任的。

康熙皇帝是非常好學的人，他之所以信任徐、高和陳廷敬等人，主要是喜歡他們的學問和才華，認為對自己的讀書治學有較大幫助。康熙皇帝曾經向侍讀學士常書、朱馬泰詢問，湯斌與徐乾學比較怎麼樣，常書、朱馬泰說：「湯斌道學優長，徐乾學文章富麗。」康熙皇帝又問，寫文章誰能比得上徐乾學，徐乾學和陳廷敬比較怎麼樣，常書、朱馬泰回答：「作詩陳廷敬為優，文章大略相等。」康熙皇帝又問，此二人有分別嗎？常書、朱馬泰回答說：「陳廷敬文章端重，徐乾學文章工妙。」康熙皇帝又問，葉方藹和陳廷敬比較怎麼樣，常書、朱馬泰回答：「陳廷敬下筆敏捷，葉方藹構思頗艱，及成文之後閱之尚佳，漢人莫不稱許。此二人亦相等。」（《康熙起居注・二十三年六月二十三》）

康熙皇帝曾經說過，得到高士奇之後，才知道做學問的門徑。「初見士奇得古人詩文，一覽即知其時代，心以為異。未幾，朕亦能之。士奇無戰陣功，而朕待之厚，以其裨朕學問者大也。」（《清史稿・高士奇傳》）

康熙皇帝雖然解除了徐、高和陳廷敬的職務，心中並不情願，所以時常遷怒於奉命查案的于成龍。康熙皇帝在送太皇太后靈柩到東陵安葬的路上，就曾把于成龍叫去斥責說：「他們幾個與我讀書的人，你必定都要弄了去，為什麼呢？」于成龍笨笨地回答說：「臣為什麼？不過是為了盡忠報國。」等到太皇太后安葬之後，康熙皇帝不肯剃頭，大臣請求剃頭。康熙皇帝問：「有奏摺嗎？」因為是路上，並未準備奏摺，徐乾學就在石頭上鋪張紙，寫成奏摺呈上。康熙皇帝問：「是現做的，這樣快嗎？」大學士伊桑阿奏說：「是徐乾學在地上一筆寫成的。」康熙皇帝一邊誇讚徐乾學才思敏捷，一邊又叫于成龍過來說：「我左右動得筆的，是徐乾學、陳廷敬、李光地、張英、葉方藹這幾個人。這大文章你為什麼不做，叫徐乾學做呢？」于成龍只好又回答說：「叫臣做，臣曉得什麼？」（李光地：《榕村語錄續集》卷十四）

徐乾學和高士奇倚仗著皇帝的信任，根本就沒有把罷官當成一回事，因為他們在京修書，每四天要到南書房去輪值一天，在南書房就可以見到皇帝，就可以把自己的意圖透過皇帝變成聖旨。所以他們雖罷了官，卻聲氣更盛，炙手可熱，滿漢大小官員都投靠到徐乾學、高士奇門下，賄賂公行。所以史料記載：「高、徐自落職後，聲焰更熾，納賄更多。雖革職，尚留在京修書，日日入南書房直，滿漢俱歸其門。」（李光地：《榕村續語錄》卷十四）當時流傳有「九州貢賦歸東海（徐乾學號東海），萬國金珠獻澹人（高士奇字澹人）」的歌謠，可見徐乾學、高士奇納賄斂財醜行之一斑。

就這樣過去了一年多，徐乾學逐漸覺得高士奇比自己在皇帝面前更受寵，於是產生了傾軋之心，準備扳倒高士奇。

徐乾學有一同年，叫郭琇，字華野，山東即墨縣人，和徐乾學是康熙九年（一六七〇年）的同榜進士，因參權相明珠、余國柱，直聲震天下，官至左都御史。徐乾學懷恨高士奇，就指使郭琇參他。

康熙二十八年（一六八九年）十月，左都御史郭琇上奏，說原任少詹事高士奇、左都御史王鴻緒等，表裡為奸，植黨營私。然後羅列四條罪狀，說高士奇等其罪可殺，請朝廷將高士奇等明正典刑。

第一條罪狀：說高士奇出身貧賤，徒步來京，靠在別人家中教書為生。皇上因為他字學頗工，讓他破格補入翰林，並讓他入直南書房，不過是讓他考訂文章，並非要他參與國家的政事。而高士奇不守本分，日思結納大臣，攬事招權，以圖分肥。朝廷內外的大小臣工，無人不知道有高士奇。高士奇聲名顯赫，竟然到了如此地步，其罪可誅。

第二條罪狀：說高士奇交結黨羽，自立門戶，與王鴻緒等五人結為死黨，俱寄以心腹，在外招攬。地方官員凡總督、巡撫、布政使、按察使，以及道、府、廳、縣的各級官員和在朝內的大小官員，皆由王鴻緒等為之從中牽線，請高士奇庇護，饋送財物以至成千累萬。即使是不屬於高士奇黨護的官員，亦要向高士奇進奉錢財，叫做「平安錢」。高士奇等奸貪壞法，全無顧忌，其罪可誅。

第三條罪狀：說京城裡有一光棍，因犯罪，將自己在虎坊橋的瓦房六十餘間贈送給高士奇；在順城門外斜街，高士奇又令心腹置買了多處房屋；高士奇又在本鄉平湖縣置田千頃，大興土木；又在杭州廣置田園。高士奇初到京城，僅是一介窮儒，靠教書糊口，如何就變成了數百萬的富翁？試問他的錢從何而來，無非是各官賄賂。各官賄賂他的錢又從何而來，無非是侵吞公款，搜刮民膏。所以說高士奇是國家的蠹蟲，是百姓的盜賊，其罪可誅。

第四條罪狀：說張汧案爆發之後，高士奇被解任修書，這是皇帝的矜全之恩。但高士奇不思改過自新，仍堅持作惡。當康熙二十八年（一六八九年）聖駕南巡，皇帝嚴旨禁止接受饋贈，若有饋贈行為，以軍法治罪。唯獨高士奇與王鴻緒等人目無國法，王鴻緒在淮、揚等處，招攬各官饋送萬金，祕密交給高士奇。淮、揚一處如此，他處可想而知。高士奇等欺君滅法，背公行私，其罪可誅。

郭琇羅列了四條大罪，狠參高士奇，他又在奏疏的最後一段寫道：「總之，高士奇等豺狼其性，蛇蠍其心，鬼蜮其形。畏勢者既觀望而不敢言，趨勢者復擁戴而不肯言。臣若不言，有負聖恩。故不避嫌怨，請立賜罷斥，明正典刑，天下幸甚！」

郭琇所寫的奏疏剛脫稿，高士奇耳目眾多，消息靈通，早已經得到了奏疏的草稿，他就惡人先告狀，把奏稿呈給康熙皇帝，向康熙皇帝說了很多話。等郭琇把奏稿正式遞上去，奏疏所參高士奇、王鴻緒等五人俱罷官，高士奇亦被攆出京城，勒令回籍。

王鴻緒（一六四五年至一七二三年），字季友，號儼齋，別號橫雲山人，江南婁縣（今屬上海金山）人。康熙十二年（一六七三年）探花。康熙二十六年（一六八七年）擢左都御史。康熙二十八年（一六八九年）服父喪期滿剛返京，即休致回籍。因為康熙皇帝已經事先看到了奏稿，所以特別照顧高士奇，對高士奇的處分極輕。高士奇不肯離京回籍，但康熙皇帝不許，高士奇無奈，只好於康熙二十八年（一六八九年）冬離去。

高士奇被攆出京城後，徐乾學尚在京，成了一人的天下，聲勢益大。康熙二十八年（一六八九年），徐乾學的兄弟徐元文官拜大學士，徐乾學的兒子徐樹穀按規定不能考選御史，但他利用權勢，讓徐樹穀考選了御史。這一下惹惱了副都御史許三禮，許三禮上疏彈劾徐乾學：「律身不嚴，為張汧所引。皇上寬仁，不加譴責，即宜引咎自退，乞命歸里。又復優柔系戀，潛住長安。乘修史為名，出入禁廷，與高士奇相為表裡。物議沸騰，招搖納賄。其子樹穀不遵成例，朦朧考選御史，明有所恃。乾學當逐出史館，樹穀應調部屬，以遵成例。」（《清史稿》卷二七一）

奏疏上去之後，徐乾學在康熙皇帝面前百般辯解，康熙皇帝認為許三禮所劾事情不實，意欲將許三禮降級調用。許三禮更加氣憤，又羅列徐乾學貪贓之罪狠參。奏疏上達，徐乾學頂不住了。康熙皇帝決定讓徐乾學離京回籍。

《清史稿》評論說：「乾學、士奇先後入直，乃憑藉權勢，互結黨援，納賄營私，致屢遭彈劾，聖祖曲予保全。」說明徐乾學、高士奇結黨營私，招權納賄，俱是事實，但康熙皇帝對他們特意回護，處分極輕。

陳廷敬、徐乾學、高士奇都是康熙帝身邊的要人，在這一場風波中同樣被波及，但其表現卻大不相同，清者自清，濁者自濁，涇渭分明。李光地說：「澤州乃張汧之親家，澤州亦大受此傷矣。」（李光地：《榕村續語錄》卷十四）對陳廷敬在張汧案中被冤表示理解和同情。

在這兩年之間，陳廷敬的所作所為與徐乾學、高士奇的行徑形成了鮮明對比。他處事更加謹慎，勤勉修書，緘口不言他事。據李光地記載：「彼時陳澤州卻閉門修書，憂窘異常，上亦知之。」（李光地：《榕村續語錄》卷十四）上是指皇帝，是說康熙皇帝對於陳廷敬的所作所為非常了解。一年多時間內，康熙皇帝冷眼旁觀，陳廷敬和徐乾學、高士奇確實是完全不同的兩種人。

因此，康熙二十九年（一六九〇年）二月，在徐乾學被迫離京之時，陳廷敬又被起用為左都御史，重新回到朝廷的重要職位上來，和徐乾學、高士奇形成了鮮明的反差。所以李光地調侃徐乾學，說：「徐健庵方上通州船，而澤州已復職矣。」（李光地：《榕村續語錄》卷十四）

陳廷敬雖然在張汧案這場宦海風波中因與張汧的親戚關係受到牽連，但很快就得到洗雪，從此之後備受重用，一直做到文淵閣大學士。陳廷敬為人「老成、寬大」，「恪慎清勤」，「慎守無過」，在當時滿朝官僚「三五成群，互相交結」的政治風氣下，體現出一種獨善其身的道德情操。他絕不像高、徐那樣呼朋引伴，植黨攬權，從不參與互相傾軋的權力之爭，故在高、徐受賄營私醜行敗露之時，他卻以正直無私、光明磊落、老成謹慎的政治作風，更加受到康熙皇帝的欣賞和信任，成為康熙皇帝最信賴的股肱大臣。

昇平相國

在張汧貪黷案之後，陳廷敬、徐乾學、高士奇都被罷了官，經過將近兩年的考驗，高士奇和徐乾學先後被趕出京城，就在徐乾學於通州碼頭登船南下的時候，陳廷敬已經接到官復原職的聖旨。這標誌著張汧案對陳廷敬的影響已經成為過去，其仕途又進入了一個新的階段。

康熙二十九年（一六九〇年）二月二十六，陳廷敬被起用為左都御史，這是他第二次任左都御史。五個月後，陳廷敬又從左都御史轉為工部尚書，這也是他第二次任工部尚書。

次年六月，又轉任刑部尚書。

康熙三十一年（一六九二年）七月二十五，陳廷敬的父親陳昌期病故於家鄉，陳廷敬請假回籍守孝。

康熙三十三年（一六九四年）三月，戶部尚書出缺，內閣大學士根據官員的資歷，列出三位候選官員的名字，讓皇帝挑選，然後做正式任命。康熙皇帝對他們擬選的名單看也沒看，就直接下旨：「需陳廷敬服滿來。」（無名氏：《午亭山人年譜》）但這時陳廷敬守孝尚未期滿，結果戶部尚書一直懸缺大半年之久。康熙三十三年（一六九四年）十二月，陳廷敬守孝期滿，除去孝服才七天，就接到了朝廷發布的陳廷敬為戶部尚書的任命。這也是陳廷敬第二次任戶部尚書。

當年十二月初二，陳廷敬急速啟程就道，到達京師，覲見了康熙皇帝。文學家姜宸英記載了陳廷敬與康熙皇帝會面的情景：「公至，陛見，天顏歡霽，慰問寵渥。中朝士大夫皆慶君臣相得之盛，而知上之所以倚毗（ㄆㄧˊ）公者，未有涯也。」（姜宸英：《湛園集》卷二）意思是說，陳廷敬到了京師，謁見了皇帝，皇帝天顏歡喜，高興異常，對陳廷敬溫語慰問，恩寵有加。朝中的大臣都慶賀這一君臣相得的盛事，並且由此推知，皇帝正要長期倚重陳廷敬。從這裡可以看出，康熙皇帝對於陳廷敬的為人非常欣賞，陳廷敬也認為康熙皇帝是最為聖明的皇帝。所謂君臣相得，就是說君主得到了賢臣，臣子得到了明君，君臣際會，如魚得水。

康熙三十八年（一六九九年），陳廷敬再次被任命為吏部尚書，這也是陳廷敬第二次任吏部尚書。

康熙四十一年（一七〇二年），陳廷敬被任命為南書房總理大臣。陳廷敬早在康熙十七年（一六七八年）就成為南書房大臣，至此已經二十四年，又成為南書房總理大臣，在康熙皇帝身邊的近臣中居於首位。

康熙四十二年（一七〇三年）四月十九，陳廷敬被任命為文淵閣大學士兼吏部尚書，這就是人們通常說的入閣拜相，陳廷敬自此正式進入內閣，成為掌鈞國政的宰相。在陳廷敬任大學士期間，與他前後一起任大學士的滿族大臣有馬齊、席哈納、溫達，漢族大臣有吳琠、張玉書、李光地、蕭永藻。但其中只有陳廷敬一人是南書房大臣，並且是南書房總理大臣，這就充分顯示出陳廷敬在內閣中的特殊地位。

陳廷敬從翰林一直升到文淵閣大學士，與康熙皇帝的關係達到極為密切的程度，備受康熙皇帝的器重和信任。

康熙皇帝為什麼那麼信任和器重陳廷敬，這與康熙皇帝的用人標準有關。康熙皇帝用人，其主要標準是品德和才學。陳廷敬的才學在康熙朝的大臣中當然是第一流的，這無須多說。他的品德，無論是做人、行事，與當時任何品德優秀的官吏相比，都有過之而無不及。他為官五十多年，平生自守冰淵志，所做的一切事情都是從忠君和利民這兩方面出發。他謹言慎行，不亂交朋友，守官奉職，退則閉門，不願妄從流俗往來。同時，他還遠離權勢和利益的中心。在康熙年間，太子立了廢、廢了立，皇子奪儲，鬧得沸沸揚揚，很多大臣為了攀龍附鳳，為了自己的權勢和利益，大都捲了進去，只有陳廷敬不為權勢和利益所動，置身度外，這確實是常人很難做到的。王士禛的筆記《居易錄》卷二十八記載：一日，大臣在東闕門會議結束，大家都非常疲倦，王士禛與陳廷敬共同出端門，行走速度比較快，回頭看其他大臣，都落在後面。王士禛笑著對陳廷敬說：「今日可謂高才捷足！」陳廷敬卻說：「否，不過急流勇退耳。」同樣是一件生活小事，同樣是一句笑謔之言，王士禛認為是「高才捷足」，而陳廷敬則認為是「急流勇退」，可見其甘心自下、謙恭自抑性格之一斑。

在康熙皇帝最信任、最器重、最親近的大臣中，熊賜履、李光地都是假道學，康熙皇帝後來亦對其甚為不滿；張英與陳廷敬行為處事相仿，甘心自下，但晚年不慎，捲入太子黨爭，憂懼而終；只有陳廷敬能夠把持得住，能夠首尾如一，慎守無過，所以他自始至終深受康熙皇帝的信賴與倚重。

康熙四十四年（一七〇五年），康熙皇帝看到《皇清文穎》中所載陳廷敬寫的各體詩，非常欣賞，又極稱讚其為人，情不自禁寫了一首詩贈給陳廷敬，其序說：「覽《皇清文穎》內大學士陳廷敬作各體詩，清雅醇厚，非集字累句之初學所能窺也。故作五言近體一律，以表風度。」（康熙皇帝：御製文集》第三集卷四十九）在詩序中，康熙皇帝首先稱讚陳廷敬所作各體詩都好。康熙皇帝用了「清雅醇厚」四字評語，清雅是說詩的詞句清麗典雅，醇厚是說詩的內容深醇渾厚。這四個字確實是寫詩的最高境界，用來評價陳廷敬的詩也是恰如其分的。初學詩的人只會堆積辭藻，拼湊字數，這樣的人對陳廷敬的詩是難以全面理解的，是看不出其中的精妙之處的。康熙皇帝用一首五律來表彰陳廷敬的風度，他的詩是這樣寫的：

橫經召視草，記事翼鴻毛。禮義傳家訓，清新授紫毫。房姚比就韻，李杜並詩豪。何似昇平相，開懷宮錦袍。

「橫經召視草」，「橫經」是說陳廷敬作為經筵講官，為康熙皇帝講解經書時，把經書橫陳於面前。「視草」是說陳廷敬經常替代康熙皇帝草擬詔書。

「記事翼鴻毛」，是說陳廷敬同時還是史官，他記載史事的時候，敏捷迅速，像鴻毛那樣細微的事物都能概括無遺。這兩句詩的大意是：橫經講筵又常代擬草詔，記事細緻入微，不遺鴻毛。

「禮義傳家訓」，禮義是指禮法道義。禮，謂人所履；義，謂事之宜。這句是說陳廷敬的家族是把禮義道德作為家訓來代代相傳。

「清新授紫毫」，紫毫是指用紫色狼毫所做的毛筆。這句是說陳廷敬揮毫寫作的文章詞句清新。這兩句詩的大意是：恪守禮義家訓世代相傳，文思清新授予斑管紫毫。

「房姚比就韻」，房、姚是指唐代賢相房玄齡和姚崇。「就」是高尚、高雅的意思，就韻是指高雅的風韻。此句謂陳廷敬有唐代名相房玄齡和姚崇的風度氣韻。

「李杜並詩豪」，李白和杜甫是中國詩歌史上的兩座高峰，而陳廷敬詩歌繼承了李白、杜甫的優秀傳統，可以和李白、杜甫並稱。這兩句詩的大意是：可與房姚媲美偏有雅韻，直與李杜並駕堪稱詩豪。

「何似昇平相，開懷宮錦袍。」宮錦袍是用宮中的錦緞所製的長袍。有一個典故，說李白曾經於月夜乘舟，穿著白衣宮錦袍，風度翩翩地在舟中顧瞻笑傲，旁若無人。這裡，康熙皇帝用來比喻陳廷敬穿著宮錦長袍，風流儒雅，既是昇平宰相，又是風雅文士。這兩句詩的大意是：風流儒雅何似昇平宰相，披襟開懷身著宮錦長袍。

康熙皇帝的這首詩從多個方面表彰陳廷敬，說陳廷敬是風流儒雅的昇平相國，對陳廷敬的表彰達到了無以復加的高度。

康熙時期是中國歷史上著名的康乾盛世的前半段，陳廷敬也確實是一位盛世的昇平宰相。

康熙四十四年（一七〇五年）二月，康熙皇帝第五次南巡，陳廷敬扈從，乘船從京杭運河南下，所用船隻都是徵調來的民船。康熙皇帝特地將品質特別好的石家船賜給陳廷敬乘坐，說：「石家船好。」並且讓陳廷敬的船在康熙皇帝的御舟前面航行。

在南巡途中，康熙皇帝到處蠲免百姓的租稅，百姓皆歡欣鼓舞，到處是一片頌揚之聲。三月十八，南巡至蘇州，康熙皇帝知道陳廷敬素來清貧，特賜銀千兩，所以陳廷敬寫詩道：「一時更拜千金賜，四海還同萬戶春。」（陳廷敬：《午亭文編》卷十九）在康熙皇帝向他賜銀的時候，他想到的是百姓的生活能得到改善，安定和美，因此他說「四海還同萬戶春」，時刻把自己的心情與普天下的百姓連在一起。

四月初七，南巡至杭州，康熙皇帝知道陳廷敬未到過西湖，特准假一日，讓陳廷敬到湖上遊覽，並且考慮到皇宮中的后妃、皇子、公主眾多，都在湖上遊覽，因有君臣名分，陳廷敬見到必然要一一行禮避讓，所以特別下旨說：「廷敬老臣，遇宮眷車不必避路。」（陳康祺：《郎潛紀聞二筆》卷九）這都是對陳廷敬特殊的照顧，同時也體現了一位盛世皇帝對賢臣的優禮，所以時人感歎說：「洵承平盛事也。」

陳廷敬作為康熙皇帝身邊的近臣，在五十多年的任官期間，蒙恩受到康熙皇帝賞賜的有貂裘、錦緞、御宴、珍味、人參、寶玩等，不計其數。

康熙四十三年（一七〇四年）冬，康熙皇帝賜陳廷敬貂裘一件，並且說：「此裘朕所親服，汝軀體較小，可覓良工略為裁製，務令稱身。」（陳廷敬：《午亭文編》卷十八）從這些話中，我們可以體味康熙皇帝對陳廷敬的關切愛護之情，同時也可以體會到一位至高無上的皇帝的人情味和親和力。

帝謂全人

陳廷敬在朝為官清廉，慎守無過，人望所歸，可謂立德；他翊贊聖治，被康熙皇帝稱為輔弼良臣，可謂立功；他為世人留下了數百萬字的著述，被稱為燕許大手筆，可謂立言。陳廷敬立德、立功、立言三不朽事業都取得了較大成功，可謂志得意滿，但他卻一直有歸隱山林的願望。他讓人為他畫了《樊口歸樵圖》，來寄託他歸隱林泉的志趣；他又自號午亭山人，渴望能過上蓑衣斗笠、青鞋布襪行走於山林之間的生活。但是因為康熙皇帝對他一直十分器重，這種難得的知遇之恩使他不忍離開朝堂，不忍離開康熙皇帝。

康熙四十六年（一七〇七年），陳廷敬已到了七十歲的高齡，就在這一年十一月，他向康熙皇帝提出了退休致仕的請求，康熙皇帝沒有批准。

康熙四十七年（一七〇八年）正月十八，陳廷敬再次上疏乞休，康熙皇帝下旨：「機務重地，良難其人，不必求去。」（陳廷敬：《午亭歸去集》卷一）意思是說，內閣是掌管國家機務的重要地方，很難有合適的人選，不用請求離去。

康熙四十九年（一七一〇年）三月，陳廷敬第三次具折請求致仕，疏未上，康熙皇帝就下了讓陳廷敬領銜編修《康熙字典》的聖旨，陳廷敬只好作罷。

康熙四十九年（一七一〇年）十一月初十，陳廷敬再次上疏，以年老耳聾為由，向康熙皇帝堅請辭官。康熙皇帝無奈，只好同意了，並下聖旨：「卿才品優長，文學素裕，久侍講幄，積有勤勞。自簡任機務以來，恪慎益著，倚毗方殷。覽奏以衰老乞罷，情詞懇切，著以原官致仕。」意思是說：你的才學和品德皆優，又富有文學才華，並且長久以來侍奉講筵，講授儒家經典，積有勤勞。自從任命為大學士，掌管國家機要大事以來，你更加恭敬謹慎，朝廷對你的倚重也更加殷切。看了你以衰老乞歸的奏章，感到情詞懇切，同意你以原官品級退休。

陳廷敬得到康熙皇帝批准他致仕的聖旨，非常高興，到禁苑中向康熙皇帝謝恩，康熙皇帝見到陳廷敬，說：「卿是老大人，是極齊全底人。」（陳廷敬：《午亭山人第二集》卷二）康熙皇帝說陳廷敬是「老大人」，表達了康熙皇帝內心深處對陳廷敬的敬重，自此之後，康熙皇帝就稱呼陳廷敬為「老大人」。這是很難得的，特別是清代，中國封建社會中央集權制達到了頂峰，皇帝的權力和威嚴達到了無以復加的地步，皇帝能稱呼一位大臣為老大人，這是絕無僅有的。康熙皇帝又說陳廷敬是「極齊全底人」，用了「極」，表示這裡說的「齊全」在程度上達到了極限，是說陳廷敬是十全十美的人，是毫無缺點的人。這是一位年近花甲的皇帝對陳廷敬一生人品道德和清廉作風所做出的高度評價。這種評價在清代皇帝對於大臣的評價中也是獨一無二的。可見在康熙皇帝的心目中，陳廷敬的地位是多麼崇高。

陳廷敬聽了康熙皇帝的話，非常感動，紀詩二首，其中有這樣的句子：「平生自有冰淵志，一語陽和鑒苦辛。」

「平生自有冰淵志」，「冰淵」是《詩經‧小雅》中的典故，《詩經》中說：「如臨深淵，如履薄冰。」比喻做事小心謹慎。陳廷敬這一句詩是說，自己一生為國家的事情處處小心謹慎，盡職盡責。

「一語陽和鑒苦辛」，陽和是指春天的溫暖氣候。這一句詩是說，康熙皇帝的一句話，溫暖如春，肯定了自己一生為國家所付出的辛勤勞苦。

陳廷敬於康熙四十九年（一七一〇年）十一月致仕，康熙五十年（一七一一年）二月二十二，康熙皇帝又為陳廷敬御筆親書「午亭山村」匾額和一副楹聯：「春歸喬木濃蔭茂，秋到黃花晚節香。」賜給陳廷敬，並且說：「朕特書匾聯賜卿，自此再不與人寫字矣。」康熙皇帝此時五十八歲，他專門為陳廷敬寫了這副匾聯，並且決定以後再不給別人寫字，以表示他內心深處對陳廷敬的無比敬重。

「午亭山村」的匾額是康熙皇帝為陳廷敬的府邸所題，午亭是陳廷敬的號。康熙皇帝為陳廷敬所題楹聯，實際上也是康熙皇帝對陳廷敬的全面評價。

上聯：「春歸喬木濃蔭茂。」喬木是通稱枝幹在二三丈以上的樹木，喬木也就是大樹。這上聯的字面意思是說，春風吹來，喬木高大，濃蔭茂盛。實際意思是說，陳廷敬一生的功業，就如同春天的大樹一樣枝葉繁茂。

下聯：「秋到黃花晚節香。」黃花是指菊花。菊花秋開，秋令在金，故以黃色為正，因稱黃花。晚節是指晚年的節操。這下聯的字面意思是說，秋霜降臨，菊花芳菲，晚節馨香。實際意思是說，陳廷敬晚節昭明，如菊花一樣經霜耐寒，更加芳香。這一副楹聯概括了陳廷敬一生的功業和他的晚節。陳廷敬為此特地寫了兩首紀恩詩，其中有兩句說：「身是全人勞一語，香仍晚節蓋平生。」對康熙皇帝用「全人」表彰他的晚節，感激之情溢於言表。

陳廷敬於康熙四十九年（一七一〇年）十一月獲准致仕後，本來就可以整理行裝告老還鄉了，但康熙皇帝沒有立刻放他走，讓他留京編纂《康熙字典》，並為康熙皇帝編纂御集，即康熙皇帝自己的詩文集。康熙皇帝一生寫了大量的詩文，他委託陳廷敬為他整理編排，然後謄寫成帙。

陳廷敬因此暫時不能離京歸里。但僅過了五個月，也就是康熙五十年（一七一一年）的四月，康熙皇帝奉皇太后到承德避暑，大學士張玉書扈從，到承德之後，張玉書暴卒。張玉書死去，李光地又告病，此時大學士尚有溫達和蕭永藻二人，但是康熙皇帝遍觀滿漢大臣，就是沒有合適的人主持閣務。看來看去，他還是看上了已經年老退休的大學士陳廷敬，於是他給陳廷敬下了聖旨，讓陳廷敬重新入閣主持閣務。他知道陳廷敬一定會推辭，所以特地在聖旨中告訴陳廷敬，不用推辭。陳廷敬於五月三十接到聖旨，六月初二又重到內閣主持閣務。已經因老病而休致的大臣再起入閣，這種情況是很少見的，這說明了陳廷敬確是康熙皇帝晚年最為倚重的元老重臣，說明康熙皇帝在政治上對陳廷敬這位德高望重的老臣的依賴心理。

陳廷敬以七十四歲的高齡再起入閣，京城中一時傳為佳話。就在陳廷敬六月初二重到內閣這一天，正好久旱得雨，普降甘霖，京城中的大臣認為這是天人感應的吉祥之兆，紛紛寫詩頌揚。侍講學士錢亮工寫詩曰：

引退彌堅眷愈深，詔留元輔領朝簪。重開漢代孫弘閣，立沛商家傅說霖。軍國平章禆聖治，陰陽燮理答天心。民間父老遙相悉，後樂先憂直至今。

「引退彌堅眷愈深」，眷指皇帝的恩寵。這一句是說，陳廷敬越是堅決要求退休，而皇帝對他恩遇眷顧的感情就越深。

「詔留元輔領朝簪」，元輔是指宰相。這一句是說，康熙皇帝下詔，讓宰相陳廷敬重新統率朝中的文武官員。

「重開漢代孫弘閣」，孫弘是指漢代的公孫弘，公孫弘是漢武帝時候的名相。這一句是說，陳廷敬作為一代名相重新進入內閣。

「立沛商家傅說霖」，傅說是商朝高宗時的宰相，商高宗曾把他比作大旱時的甘霖，所以後人常以「傅說霖」稱久旱後的甘雨。這一句把陳廷敬比作商代的名相傅說，說他一到閣中，上天就立刻普降甘霖。

「軍國平章禆聖治」，平章是斟酌處理。這一句是說，軍國大事需要陳廷敬斟酌處理，以輔佐皇帝的聖治。

「陰陽燮理答天心」，燮理是協和治理。這一句是說，陳廷敬處理政務陰陽得以協和，以此來報答天心。

「民間父老遙相悉，後樂先憂直至今」。後樂先憂是指安樂在天下人之後，憂慮在天下人之先。這一句是說，民間的父老鄉親知道此事，歌頌陳廷敬的後樂先憂，一直到今天。

光祿寺卿湯右曾寫詩曰：「再見相公調鼎鼐，都人歌舞古猶今。」鼎和鼐是古代的兩種烹飪器具。相傳商王武丁問傅說治國之方，傅說以如何調和鼎中之味作此喻，後人因以「調和鼎鼐」比喻處理國家大政。從這些情況看，陳廷敬確實是深得人心，人望所歸。

陳廷敬再到閣中主持閣務，凡有奏章，列名時他一定要寫上「予告」二字。大臣年老致仕之後稱為予告，陳廷敬列名時必寫予告二字，是表明自己已經退休，以與在職的大學士相區別。典籍官以大學士的資格為他請俸，也就是要按大學士的資格給他領取薪資，他堅決制止了，認為自己已經退休，不應再按大學士的資格領取俸祿。陳廷敬就是這樣處處嚴於律己，以身作則。

午壁魂歸

康熙五十一年（一七一二年）二月二十四，陳廷敬突然患病，不能入閣辦事。二月二十七，康熙皇帝御暢春苑聽政，沒有見到陳廷敬，就問大學士溫達：「陳大學士為何不見？」溫達回奏說：「陳廷敬偶患二便祕結，不能來上朝，他的兒子陳壯履在外啟奏。」

康熙皇帝就讓陳壯履進來，詳細詢問了陳廷敬的病情後說：「二便不通，服藥難效。坐水坐湯，立刻可愈。」然後將坐水坐湯之法詳細告訴陳壯履，讓回去依法調治。坐水坐湯就是坐在溫熱的藥水中泡治。康熙皇帝又傳旨，讓太醫院右院判也就是太醫院的副長官劉聲芳，迅速前去陳廷敬家為他診治，並且以後每天要去診視一次；又命陳廷敬的第三子陳壯履，每間隔一日到暢春苑向康熙皇帝彙報一次病情。

就在陳廷敬患病期間，陳廷敬負責編纂的《皇清文穎》六十卷告成，陳廷敬在病榻上撰寫了《皇清文穎》告成進呈表，上奏康熙皇帝。但是，陳廷敬的病情經多方調治仍未見好轉。

四月初六，康熙皇帝賜御製良藥一瓶、西瓜露一瓶。四月初九一早，康熙皇帝派身邊的近臣三人到陳廷敬病榻前探視，並傳旨：「老大人喜食何物，令爾子壯履奏請。」陳壯履到暢春苑謝恩，康熙皇帝賜哈密瓜一顆、西瓜一顆。哈密瓜和西瓜都產於西域，因為路途遙遠，交通不便，運送十分艱難，在當時都是極珍貴的食物。

四月十二，康熙皇帝又賜糟鹿尾一盒、糟野雞一盒、關東蜜餞紅果二瓶，由御膳房官員送到陳廷敬府邸。

四月十三，又賜瀛臺紅稻米一袋。就在這一天，御醫劉聲芳啟奏：「陳大學士左腮紅腫，中氣甚虛。」康熙皇帝立即命劉聲芳帶外科御醫二人，速看回奏。當時天時已晚，直到三更天，康熙皇帝仍然坐在淵鑒齋，秉燭等待御醫劉聲芳等人回奏病情。劉聲芳回奏之後，又命劉聲芳等御醫帶著御製聖藥前去陳廷敬府中治療。當時已過半夜，紫禁城各重門皆已上鎖，康熙皇帝命內務府總管知會兵部，速開啟城門將藥送往大學士陳廷敬府邸，並說，沿途如有阻攔者，記名回奏。

四月十四，康熙皇帝又遣大臣四人到陳廷敬榻前探視病情。

四月十六，又遣大臣四人前去探病。

四月十九，康熙皇帝又命大臣四人到陳廷敬病榻前傳旨：「朕日望大學士病體速愈，再佐朕料理機務幾年。若事出意外，大臣中學問人品如大學士可代理內庭事務者為誰?」陳廷敬一一奏對。又傳旨給陳壯履:「倘老大人身後,汝家中有何難處事否?朕自與爾作主,不必憂懼。」就在這一天晚上戌時(八點左右),陳廷敬薨於京邸。

陳廷敬生於明崇禎十一年(一六三八年)十一月二十七巳時,卒於清康熙五十一年(一七一二年)四月十九戌時,享年七十五歲。

四月二十日早,康熙皇帝尚不知陳廷敬已去世,命大臣勵廷儀問陳壯履:「山西有桫板否?有桫板用否?」桫板是桫欏樹木板,是很珍貴的木料。陳壯履回奏:「山西桫板不易得,多用柏板。臣父昨晚身歿(ㄇㄛ),現今正各處求購材木。」勵廷儀回宮面奏,康熙皇帝知道陳廷敬已逝,向左右說:「不意陳大學士遽爾溘逝,朕尚有不盡之言未得諮詢。」感歎不已。然後命暢春苑總管大臣董殿邦,送去紫桫板一具。紫桫板色紫而紋密,性堅而質潤,斧鑿才施,香聞百步,珍貴異常。

接著,康熙皇帝又向內閣及禮部傳旨曰:「陳廷敬夙侍講幄,簡任綸扉。恪慎清勤,始終一節。學問淹洽,文采優長。予告之後,朕眷注尤殷。留京修書,仍預機務。尚期長享遐齡,以承寵渥。遽爾病逝,深為軫惻!其察例議恤。」大意是說:陳廷敬素來侍奉講筵,又任命為大學士,掌握國家機務。他恭敬謹慎,清廉勤政,自始至終節操如一。學問淵博,文采優長。退休致仕之後,我對他眷顧仍然十分殷切。留他在京修書，仍然參與國家機務。還期望他能夠長壽，以享受國家的恩澤。沒想到他突然病逝，我內心深為悲憫。內閣和禮部要為他詳細察例，議定恤典。

在議恤典時，有一項內容是賜謚。賜謚在封建社會裡是很重要的事情，稱為易名盛典。康熙皇帝賜給陳廷敬的謚號是「文貞」。按照清代的謚典，道德博聞曰「文」，清白守節曰「貞」。就是說「文」表示陳廷敬道顯德尊，學識淵博；「貞」表示陳廷敬品行清白，慎守節操。

從清廷入關的順治元年（一六四四年）到清道光三十年（一八五〇年）共二百〇七年間，得到謚號的官員總共四百人，也就是說，每年得到謚號的官員平均不到兩人，充分說明能得到謚號的官員寥寥無幾。在官員的謚號中，第一個字是「文」字的謚號更為可貴，有的官員雖然得到了謚號，但第一字並非「文」字。在清代山西眾多的歷史人物中，獲得這樣的謚號的只有六人，依次是順治年間的保和殿大學士兼戶部尚書衛周祚（曲沃縣人），謚文清；康熙年間的保和殿大學士兼刑部尚書吳琠（沁州，今沁縣人），謚文端；康熙年間的文淵閣大學士兼吏部尚書陳廷敬（陽城縣人），謚文貞；雍正年間的文華殿大學士兼吏部尚書田從典（陽城縣人），謚文端；乾隆年間的協辦大學士兼吏部尚書孫嘉淦（興州，今興縣人），謚文定；道光、咸豐年間的體仁閣大學士兼戶部尚書祁寯藻（壽陽縣人），謚文端。

四月二十一，康熙皇帝命皇三子誠親王胤祉率內大臣、乾清門侍衛、滿漢文武大小諸臣齊至陳廷敬府邸。陳豫朋、陳壯履跪接。誠親王率諸大臣至陳廷敬靈前，宣讀康熙皇帝寫的祭文，舉哀致奠，行三叩拜禮。又以御賜茶酒二器請陳廷敬的兒子陳豫朋、陳壯履飲。這是康熙皇帝慰望大臣的禮儀，陳氏兄弟自認為沒有資格，不敢擔當，所以固辭不飲。

四月二十四，康熙皇帝御製輓詩一首，命南書房翰林勵廷儀、張廷玉等四位大臣捧至陳廷敬靈前焚化。康熙皇帝所寫的輓詩曰：

世傳詩賦重，名在獨遺榮。去歲傷元輔，連年痛大羹。朝恩葵衷勵，國典玉衡平。儒雅空階歎，長嗟光潤生。

「世傳詩賦重」，是說世間都在傳頌陳廷敬的詩賦為人所愛重。

「名在獨遺榮」，是說陳廷敬雖然故去，但身死名存，獨留千秋殊榮。

「去歲傷元輔」，去歲即去年。元輔即宰相。這裡是說，與陳廷敬同時為相的張玉書，在去年不幸故去令人哀傷。

「連年痛大羹」，連年是接連兩年。大羹是不和五味的肉汁，古代祭祀時用。這一句意思是說，為陳廷敬去世而祭奠。

以上兩句連起來的意思是說，去年剛剛為張玉書去世而哀傷，緊接著今年又為陳廷敬悲痛地奉上大羹祭奠。

「朝恩揆衷勵」，朝恩是指朝廷所施行的德政。揆衷的揆，通「揆」，是籌劃掌管的意思，又因為宰相掌管天下百事，故又稱宰相職位曰揆。衷是恰當、適當的意思。勵通「厲」，是嚴肅認真的意思。這一句的意思是說，陳廷敬作為，處理朝廷政事、施行朝廷德政認真而恰當。

「國典玉衡平」，國典指國家的典章制度。玉衡是指古代測天文的一種儀器，以玉裝飾。這裡用來比喻陳廷敬掌握國家法度像天文儀器那樣準確無誤，公允平正。

「儒雅空階歎」，儒雅是指陳廷敬學問淵博，風度優雅。空階是說陳廷敬去世了，朝堂的臺階空空，再沒有像他這樣博學優雅的人物了。

「長嗟光潤生」，長嗟是長長地歎息，光潤是指珠玉柔和滋潤的光芒，生是出現。這一句的意思是說，陳廷敬逝世令人悲歎，他的光輝形象常常出現在自己的眼前。

康熙皇帝給陳廷敬的輓詩，對陳廷敬做出了全面、高度的評價，同時也體現了康熙皇帝對陳廷敬深切懷念的真實感情。

康熙皇帝又念陳廷敬立朝清節，特賜帑金一千兩治喪。

到了七月十六，康熙皇帝又下旨，於八月二十四將陳廷敬靈柩送還原籍，命行人司司副沈一揆負責護喪歸葬。在途中整整走了近兩個月，於十月二十一抵達午亭山村。

康熙五十二年（一七一三年）冬，在午亭山村之北一里許的靜坪為陳廷敬選擇了塋地。在辟土開阡的時候，發現地下有一空洞，其中雲氣蒸鬱，凝膏如乳，四周的牆壁上藤蘿糾結，其色紫，其氣味芬烈如芸，因此將陳廷敬的塋地命名為紫芸阡。

康熙五十三年（一七一四年），康熙皇帝又寫祭文一篇，為陳廷敬加祭一筵，葬於午亭山村北之紫芸阡。

陳廷敬的家門前有一條河叫做樊河，他曾自號曰樊川。因唐代著名詩人杜牧號樊川，著有《樊川集》，所以不知道的人以為陳廷敬的家鄉在陝西長安，常常引起誤會。於是陳廷敬又改別號曰說岩，不再使用樊川這個別號。陳廷敬的家鄉東有山岩，登岩可望月之初出，所以他將此岩命名為月岩。他家的庭院在月岩之北，站立於庭院之間，可以仰觀峰嶺，下瞰林壑，從白天到夜晚，可見初日上而雲飛，夕煙斂而霞舉，飄忽萬變，賞心悅目，所以他又將月岩改為悅岩。又因為「悅」與「說」（ㄩㄝˋ）同，故又曰說岩。

在陳廷敬一生中，用說岩這個別號的時間最長。

陳廷敬晚年以午亭為別號，自稱午亭山人。午亭之名來源於酈道元的《水經注》。《水經注》說：「沁水又東南，陽河水左入焉。水北出陽阿川，南流經建興郡西，其水又東南流，經午壁亭東，而南入山。」這裡說的午壁亭為漢代地名，是供旅客宿食的處所。午壁亭之名，不見於志乘，以酈道元《水經注》中的記載考之，當在澤州與陽城交界之處。

陳廷敬在朝中，常與朱彝尊等人在禁中值夜，喜歡談論山水園林之勝。當陳廷敬說起《水經注》記載的午壁亭在沁河岸邊，與自己所居之處甚近時，朱彝尊便說：「何不取以名園？」因此陳廷敬在《午壁亭賦》的序中說：「余村居近沁水，而愛午壁亭之名，故取其義以名其居，曰午亭山村。」

陳廷敬自從清順治十五年（一六五八年）考中進士，進入仕途，到康熙五十一年（一七一二年）逝世，總共五十四年。在五十四年的漫長時間裡，他共回過三次家：第一次是康熙元年（一六六二年），他因病請假回籍；第二次是康熙十八年（一六七九年），他因母親病故，回家守孝；第三次是康熙三十一年（一六九二年），他因父親病故回家守孝。他非常熱愛自己家鄉的一山一水、一草一木，寫了很多歌吟家鄉風景的詩詞，最後他終於安息在這塊土地上。

陳廷敬作為康熙皇帝最為信任的輔弼重臣，無論是生前的恩遇，還是死後的哀榮，都達到了人臣的極致，這也從另一方面說明陳廷敬翊贊聖治，為開創康乾盛世做出了巨大的貢獻。康熙皇帝是一位英明的皇帝，他所取得的成就並不只屬於他一人。陳廷敬是康熙決策集團的重要成員，他的成就是康熙皇帝成就的不可分隔的組成部分。

第五章

翰林門第

棠棣花開

陳廷敬有一妻一妾。

正室夫人王氏，是陽城縣白巷里人，明代吏部尚書王國光的玄孫女，庠生王啟祚之女。王氏生於明崇禎十三年（一六四〇年）正月二十九，比陳廷敬小兩歲。於清順治八年（一六五一年）嫁給陳廷敬，當時陳廷敬十四歲，王氏十二歲。王氏卒於康熙五十一年（一七一二年）九月二十六，比陳廷敬晚去世五個月。

王氏被皇帝封為正一品誥命夫人，是封建社會人臣家眷中地位最高的女性。陳廷敬的母親、祖母、曾祖母雖然都是正一品誥命夫人，但都是死後贈予的封號，只有王氏是生前陳廷敬成為一品官後被康熙皇帝封為一品夫人，所以說，她是實際享受了正一品誥命夫人待遇的人。

陳廷敬的副室李氏，是江南省江寧府人，也就是現在的南京市人，她的父親是世襲錦衣衛指揮，名字叫李龍斯。她生於順治十一年（一六五四年）三月初六，比陳廷敬小十六歲。卒於康熙五十五年（一七一六年）十月二十，比陳廷敬晚去世四年。因為她是副室，不能因為陳廷敬的官職受皇封，只能由她所生的兒子的官職受皇封。她的兒子陳豫朋最高當到四品官，所以她被封為恭人，恭人是四品命婦。對於她的身世和生平，沒有更多的歷史資料可考，在這裡僅能根據現有資料做如下分析：

李氏的父親雖然是世襲錦衣衛指揮，但錦衣衛指揮是明朝的官，清朝沒有這樣的官職，經過明清之際的改朝換代，他的父親可能已淪落為貧民。可以做這樣的設想，假如李氏出身富家，她是不可能委身做妾的。她既然願意委身做妾，說明她的家境並不好。也許她已經沒有家了，淪落為藝妓之類，是被陳廷敬用錢贖身的。不過這只是一種設想，不一定是事實。李氏可能沒有什麼文化，更不通詩書，因為在陳廷敬卷帙浩繁的詩文著作中，沒有涉及李氏一個字，更沒有提到過她的父親李龍斯。所以可以肯定，李氏的出身一定十分卑微。

康熙十一年（一六七二年），李氏生了第一個兒子陳豫朋，當時她十八歲，由此可以推知她嫁給陳廷敬的大致時間。陳廷敬共有三個兒子，長子陳謙吉是正室王氏所生，次子陳豫朋和三子陳壯履是副室李氏所生。

陳廷敬是陳氏家族的第九代，他的兒子是陳氏家族的第十代。有一個十分有趣的現象，就是陳氏家族的第十世，都是用易經卦名來命名的。陳廷敬的長子陳謙吉以謙卦命名，「吉」字出自謙卦初六爻辭：「謙謙君子，用涉大川，吉。」陳廷敬的次子陳豫朋以豫卦命名，「朋」字出自豫卦九四爻辭：「由豫，大有得。勿疑，朋盍簪。」陳廷敬的三子陳壯履以大壯卦命名，「履」字出自大壯卦大象：「君子以非禮弗履。」

《詩經》上說：「棠棣之華，鄂不（ㄈㄨ）韡（ㄨㄟˇ）韡。」棠棣，籽如櫻桃，即是現在所說的郁李。鄂，是指花萼。不，通「柎」，是指花萼的足。韡韡，是光明華美的意思。

這兩句詩的意思是說：棠棣花開了，萼足與花朵多麼光明美麗！這是形容兄弟美好的詩句。

陳廷敬的三個兒子都很優秀。

長子陳謙吉，字尊士，號甘穀，監生出身。考選河南歸德府河捕通判，升江南淮安府邳（ㄆㄟˊ）睢（ㄙㄨㄟ）靈壁河務同知。他雖然沒有太高的功名，辦事卻務實認真，為老百姓解除水患等，辦了很多實事，頗受百姓稱道。

陳廷敬的次子陳豫朋，字堯凱，號濂村。清康熙十一年（一六七二年）九月初五生。康熙二十九年（一六九〇年），他十九歲時參加鄉試，高中經魁。明清科舉制度，考生在五經試題裡各自選考一經，錄取時，分別取每一經的第一名，合為前五名，稱為五經魁，簡稱為經魁。康熙三十三年（一六九四年），陳豫朋二十三歲參加會試，又高中會魁（會魁就是會試的五經魁），被選為翰林院庶起士。他是陳氏家族的第五位進士、第三位翰林。

陳豫朋在翰林院三年，散館後授翰林院編修，為正七品官，後又改為四川筠連縣知縣。升陝西耀州知州，為從五品官。又遷甘肅鞏昌府的岷洮撫民同知。陳豫朋在川陝隴間做地方官達十四年之久，頗有政績。史書記載他「清介自守，不名一錢」（光緒《山西通志》卷一五〇〈陳豫朋傳〉）。清介自守，是說自己保持清正耿直的操守。不名一錢，是形容他的清貧節操。陳豫朋為官清廉，名聲非常大，朝野到處傳頌。他回京之日，其父陳廷敬高興地寫詩勉勵道：「敝裘羸馬霜天路，賴汝清名到處傳。」（陳廷敬：《豫朋自岷州來感示以詩》）這兩句詩意思是說：陳豫朋穿著破舊的衣服，騎著瘦弱的馬，行走在霜天迷漫的道路上；這是一個清貧官員的形象，清正的美名傳遍了天下。

陳豫朋為官清廉，內升禮部儀制司員外郎。儀制司是禮部的下設機構，員外郎是儀制司的副長官，從五品，位在郎中之下。後升為精膳司郎中。部屬各司皆設郎中，主管各司事務，為尚書、侍郎之下的高級官員，正五品。又提升為福建都轉鹽運使，兼延建邵道。都轉鹽運使，為產鹽區主管鹽務的官員。延建邵道即道臺，是省以下、府以上一級的官員，正四品。延建邵道管延平府、建寧府、邵武府三府。後又奉命監督青州駐防城工，事竣後授刑部陝西司郎中兼廣東道監察御史，欽命提督湖南學政。陳豫朋著有《濂村詩集》、《幻因集》、《僰南集》、《且怡軒詩抄》、《六友齋詩文集》、《濂村經解》、《濂村奏草》等。

陳豫朋八歲能詩，陳廷敬為了教他作詩，專門寫了一部《杜律詩話》，為他講解杜詩。山西著名的學問家范鎬（ㄏㄠˋ）鼎在清康熙二十三年（一六八四年）曾經到京師，與京華諸文人集會時，陳豫朋年方十一歲，便能寫詩。范鎬鼎後來在編《晉詩二集》時說：「先生詩才天授，不獨家學有自也。」

康熙三十三年（一六九四年），陳廷敬在家為父親守孝，期滿之後赴京，於高平趙店旅館的牆壁上見到陳豫朋的題詩，次韻和詩云：

雲樹東來客夢西，草堂深掩綠蘿迷。三年才盡銷魂路，羨汝詩多到處題。

（陳廷敬：《趙店見豫朋題壁詩用韻》）

意思是說：我在太行山上繞著雲彩草樹向東走來，但旅途的夢境仍然是西邊家鄉的情景：守孝的草堂被綠色的藤蔓深掩著，令人沉迷。三年的苦痛悲哀把我的才氣消磨殆盡，真羨慕你才華洋溢，到處題詩。可見陳豫朋作詩之勤、詩作之多，令其父也嘆羨不如。

康熙三十五年（一六九六年）漠北噶爾丹叛亂，康熙皇帝御駕親征，掃蕩漠北，得勝而還。當時陳豫朋考中翰林不久，正是少年才俊，先後寫了五言排律四十韻、律詩十六章歌頌康熙帝親征勝利，在京城引起了轟動，大文學家姜宸英記載說：「都下傳誦，為之紙貴。」（姜宸英：〈陳濂村詩抄序〉）

陳豫朋詩宗法謝靈運、謝朓（ㄊㄧㄠˇ）和杜甫，得其神髓。姜宸英評其詩曰：「典贍有風，則媲美燕許；詩格整麗，敘事詳核，大曆才子之遺調也。」（姜宸英：〈陳濂村詩抄序〉）姜宸英將他的詩比作燕許大手筆，又有大曆十才子的遺韻。

陳廷敬第三子陳壯履，字幼安，一字禮叔，號南垞。少時聰穎，能誦《詩經》和《易經》。康熙三十五年（一六九六年）中舉人，康熙三十六年（一六九七年）中進士，選翰林院清書庶起士，當時才十八歲，是陳氏家族的第六位進士、第四位翰林。散館授檢討。檢討是官名，明清時屬翰林院，位次於編修，與修撰、編修同謂之史官。

陳壯履少年才俊，很受康熙皇帝的賞識，很快就升為日講起居注官，負責侍從皇帝、記載皇帝的言行；又升為翰林院侍讀學士，職在為皇帝講讀經史，備顧問；又升為內廷供奉，成為康熙身邊的近侍之臣。明代形成的規矩，只有翰林才能夠做大學士，也就是宰相。清代雖然不是翰林也有做宰相的，但宰相大部分還是翰林出身。所以說，進了翰林院，就成為宰相根苗，可謂預備宰相。

陳壯履不僅進了翰林院，而且已經成為康熙皇帝身邊的近臣，也可以說成了很有希望的宰相根苗、真正的儲相。但是陳壯履年輕浮躁，不加檢點，最後栽了個大跟頭。在古代封建社會裡，皇帝定期要祭拜五嶽，但是山高路遠，皇帝不能親自去，就要大臣代替皇帝去祭拜。康熙四十九年（一七一〇年），陳壯履奉命到南嶽衡山去祭祀，這是欽差大臣，代天子行事。就在去南嶽衡山的途中，他犯了錯誤，被湖廣總督郭世隆彈劾：「紆道嘉魚縣，騷擾地方。」「紆道」，就是繞道。嘉魚縣不是祭祀南嶽的必經之路，他繞道嘉魚縣的原因，我們不得而知，總之他繞道去了不該去的嘉魚縣，自然就是騷擾地方。

陳廷敬當時在宰相任上，聽到此事，立即具折請求處分。康熙皇帝從熱河回京，陳廷敬從京城到密雲接駕，康熙帝見到陳廷敬，和顏悅色，溫語垂問。但陳壯履被人參劾，法紀難容，當然不能在康熙皇帝身邊行走了。康熙皇帝批示：「身為翰林，奉差在外，濫行生事，學問也甚不及。革去侍讀學士，停止內廷供奉，仍為編修。」（《聖祖實錄》卷二百四十二）陳壯履就這樣被打回原形，又降為翰林院編修了。

陳壯履學問好，文名滿天下，人稱潛齋學士。史書上說，陳壯履「力承家學，素擅鴻詞」（同治《陽城縣誌》卷十一〈陳壯履傳〉）。意思是說，陳壯履能夠繼承家學，並擅長於寫詩作文。史書上又說，他「以文章著名翰苑」（光緒《山西通志》卷一五六《文學錄下・陳壯履傳》），意思是說，陳壯履的詩文在翰林院和文壇上是非常著名的。他著有《潛齋詩集》、《慕園詩草》、《南垞集》、《讀〈書〉疏》等，並且參與了編修《康熙字典》、《古文淵鑒》等大型典籍。陳壯履有很多追隨者，號稱為揚州八怪的文學家金農就是陳壯履的忠實追隨者之一。

翰林迭出

陳氏家族第五世的陳天佑，是陳廷敬的高伯祖。他於明嘉靖十三年（一五三四年）考中舉人，嘉靖二十三年（一五四四年）考中進士。他是陳氏家族的第一位進士，官至陝西按察副使。

陳氏家族第八世的陳昌言，是陳廷敬的伯父。他於明崇禎三年（一六三〇年）考中舉人，崇禎七年（一六三四年）考中進士。他是陳氏家族的第二位進士，官至江南學政。

陳氏家族第九世的陳廷敬，於清順治十四年（一六五七年）考中舉人，順治十五年（一六五八年）考中進士。他是陳氏家族的第三位進士、第一位翰林，官至文淵閣大學士。

陳氏家族第九世的陳元，是陳廷敬伯父陳昌言的兒子，陳廷敬的堂兄。他於清順治八年（一六五一年）考中舉人，順治十六年（一六五九年）考中進士。他是陳氏家族的第四位進士、第二位翰林。

陳氏家族的第十世，即陳廷敬子侄輩，陳廷敬有三個兒子和十七個侄子。其中陳廷敬的兩個兒子和兩個侄子中了進士。

陳廷敬的次子陳豫朋，字堯凱，號濂村。他於康熙二十九年（一六九〇年）十九歲時參加鄉試，高中經魁。康熙三十三年（一六九四年）二十三歲時參加會試又高中會魁，被選為翰林院庶起士。他是陳氏家族的第五位進士、第三位翰林。

陳廷敬的三子陳壯履，字幼安，一字禮叔，號南垞。他於康熙三十五年（一六九六年）十七歲時考中舉人，康熙三十六年（一六九七年）十八歲時考中進士，選翰林院清書庶起士。他是陳氏家族的第六位進士、第四位翰林。

陳廷敬的六弟陳廷統之子陳觀顒，後人為避清嘉慶帝顒琰諱，改名為觀永，字安次，號蓉村，一號柑亭。觀顒以觀卦命名，「顒」出自觀卦卦辭：「觀，盥而不薦，有孚顒若。」陳觀顒於清康熙十八年（一六七九年）二月十一生，雍正元年（一七二三年）五月初一卒，終年四十五歲。他於清康熙三十五年（一六九六年）考中舉人，康熙四十五年（一七〇六年）考中進士，授直隸浚縣知縣。他著有《恤緯集》。他是陳氏家族的第七位進士。

陳廷敬的七弟陳廷弼之子陳隨貞，字孚嘉，號寄亭，晚號西山老人。隨貞以隨卦命名，「貞」出自隨卦卦辭：「隨，元亨利貞，無咎。」陳隨貞於清康熙十四年（一六七五年）八月初九生，卒年不詳。他於清康熙三十五年（一六九六年）考中舉人，康熙四十八年（一七〇九年）考中二甲第四名進士，授翰林院清書庶起士。他是陳氏家族的第八位進士、第五位翰林。

陳隨貞考中翰林時三十五歲，雖然不像陳壯履那樣少年得志，但年齡並不大，應該說是春風得意了，但他無意做官。他考進士、中翰林，也許只是為了證明自己有能力輕取功名，其志趣在山林泉石之間。所以，他到翰林院不久，就請假回鄉，不再赴任，過起了隱居的生活。他在陽城縣城東北二里許的青林溝修建了別墅，引水造舟，裁花種竹，亭臺工麗，極一時之盛。他喜山居，從不入城市，潛心學問，詩酒瀟灑以終。史書

記載他：「天資俊逸，學問宏深，所作詩古文皆不經人道。」（光緒《山西通志・陳隨貞傳》）

陳隨貞長於書法，宗法董其昌，得其神髓。著有《立誠堂集》、《寄亭詩草》。清徐昆《柳崖外編》記載了一個真實的故事，說陳隨貞溫文爾雅，詩酒之外擅長書法，宗法明代著名書法家董其昌，每有書法作品，在後面落款時常寫董其昌的名字。十餘年後他到京城去，見到一本董其昌的帖，非常喜愛，花五百兩銀子購得，認為是董其昌書法中最佳者。回來細細賞玩了幾天，才發現原來是自己所寫，因為他在後面落了董其昌的名字，所以自己也辨別不清。可見陳隨貞的書法與董其昌的書法何其神似。

號稱揚州八怪之一的書畫家金農跟著陳廷敬第三子翰林學士陳壯履學習，曾於清雍正四年（一七二六年）到午亭山村作客，遍遊陽城山水，寫了不少詩歌，並且與陳隨貞相交甚契。當時陳隨貞已五十多歲，金農對他十分景仰，曾寫下一首《題青林溝所居》的詩，其中有這樣幾句：「塵坌炎光晝已空，投簪久羡濯纓翁。何年得遂茅茨約，黛色玲瓏遠可通。」大意是說：陽光下灰塵汙染，到處空空如也，只有這位辭官歸來在清流中洗濯冠纓的老翁才令人久久羡慕。什麼時候我自己得遂隱居林下的心願，山色空明，雖然相距遙遠，但我與你的心可以遙遙相通。

陳廷敬的子侄輩二十人中，有進士四人，分別為陳豫朋、陳壯履、陳觀顒、陳隨貞，其中陳豫朋、陳壯履、陳隨貞三人入翰林；有舉人一人，為陳賁懿；有貢生五人，分別為陳鹹受（歲貢）、陳升階（歲貢）、陳復剛（歲貢）、陳觀化（恩貢）、陳坤載（拔貢）、陳蒙德（歲貢）；有監生三人，分別為陳謙吉、陳震遠、陳萃應。

陳氏家族的第十一世，即陳廷敬弟兄八人的孫子輩，共三十八人。在此三十八人中，有進士一人，即陳豫朋的長子陳師儉，雍正五年（一七二七年）丁未科進士，選翰林院庶起士。有舉人六人，其中陳壽嶽為康熙五十年（一七一一年）辛卯科舉人，陳壽華為雍正七年（一七二九年）己酉科舉人，陳名儉、陳崇儉為乾隆九年（一七四四年）甲子科舉人，陳傳始為雍正十年（一七三二年）壬子科舉人，陳式玉為雍正四年（一七二六年）丙午科舉人。有歲貢生一人：陳象雍。有監生九人：陳壽樊、陳壽嵩、陳傳嫣、陳汝樞、陳增、陳堜、陳鵬翼、陳象煒、陳墉。另外第十一世族人中還有一位陳恂，康熙五十九年（一七二〇年）庚子科舉人，為陳氏第三世陳秀之弟陳武的嫡系裔孫，和陳廷敬一脈的支系較遠。

陳氏家族第十一世中，陳豫朋的長子、陳廷敬的孫子陳師儉最為突出。陳師儉，字汝賢，號鶴皋。陳師儉於清康熙三十八年（一六九九年）十二月初九生，雍正六年

（一七二八年）十一月初六卒，終年三十歲。他於清雍正元年（一七二三年）考中舉人，雍正五年（一七二七年）考中進士，授翰林院庶起士。他是陳氏家族的第九位進士、第六位翰林。

他雖考中翰林，但並未到翰林院任職，因為當時西南地區正在改土歸流。這些地區屬於少數民族地區，原來皆由土司管轄，雍正五年（一七二七年）實行官府統一管理，以加強中央對邊疆少數民族地區的統治，叫做改土歸流。土就是少數民族的土司，流就是國家派遣的流動的官員。改土歸流需要一大批人員充實地方官員，所以陳師儉就被派去做廣西泗城府同知。陳師儉做了泗城府同知後，次年就病故了。他著有《鶴皋詩集》。陳師儉是陳氏家族的最後一位進士，也是最後一位翰林。他於雍正五年（一七二七年）考取進士，入選翰林院庶起士之後，拜見了當時的文華殿大學士兼吏部尚書田從典。田從典是陽城縣城內人，清康熙二十七年（一六八八年）進士，他比陳廷敬小一個輩分，是清代雍正年間的大學士，號稱清白宰相，很受雍正皇帝的信任和倚重。他與陳氏家族有通家之好，陳師儉去拜見他，他即為陳氏家族題寫了一副楹聯：德積一門九進士，恩榮三世六詞林。

陳氏家族從明嘉靖年間至清雍正年間，共出了陳天佑、陳昌言、陳廷敬、陳元、陳豫朋、陳壯履、陳觀顒、陳隨貞、陳師儉九位進士，其中陳廷敬、陳元與陳豫朋、陳壯履、陳隨貞以及陳師儉三代共六位翰林。「翰林」亦稱「詞林」。田從典所題楹聯中不言「翰林」而言「詞林」，主要是因為楹聯格律的關係，若不用「詞林」而用「翰林」，則平仄不諧。

在陳廷敬、陳元、陳豫朋、陳壯履、陳隨貞、陳師儉這六位翰林中，陳元、陳師儉英年早逝，陳隨貞辭官歸隱，這三位在政治歷史舞臺上皆無大成就，有較大成就的只有陳廷敬、陳豫朋、陳壯履父子三人。

陳氏家族在歷史上總共產生了九位進士、六位翰林，號稱翰林門第，並且還考取了九位舉人，至於秀才、貢生那就更多了。

詩律傳芳

陳氏家族是一個詩書世家，歷史上出現過眾多的詩人，有詩作流傳到今天的詩人就有三十三位之多，可以說是群星璀璨，沒有留下作品的詩人更是難以計數。

陳氏家族的三世祖陳秀就能寫詩，雖然他的詩歌藝術成就並不太高，但卻為陳氏家族成為詩書世家、文化巨族奠定了基礎。

陳氏的第五世陳天佑，是陳氏家族的第一位進士，號容山，官至陝西按察副使。陳天佑著有《容山詩集》，早已失傳，僅存殘句一聯：「未遂持螯意，空懸擊楫心。」陳廷敬曾說：「餘家近堯畿，代有文學。高伯祖容山公，詩名尤重於世。」並寫了一首《祖德》詩，其中有句云：「祖德斯文在，家傳正始音。」（陳廷敬：《午亭文編》卷二十）「祖德」指祖宗的功德。斯文，這裡特指文學。正始音，純正的樂聲，即指詩歌。意思是說，歷代祖宗的文學為後人留下了純正的詩學傳統。

陳廷敬的伯父陳昌言是一位很有成就的詩人，一生寫了很多詩。他到京師永平府樂亭縣做官，因為樂亭在大海邊，所以他把在樂亭寫的詩結集為《東溟草》；他在京城做官，因為北京又稱燕京，所以他把在京城寫的詩結集為《燕邸草》；他作為巡按御史奉命出巡山東，便把在此期間寫的詩結集為《東巡草》；他以提督學政奉命到江南考校士子，便把在此期間寫的詩結集為《南校草》；他晚年賦閒在家，隱居山中，便把在此期間寫的詩結集為《山居草》。陳昌言中了進士，做了官，與當時詩壇的文人互相唱和，寫了大量的詩歌作品，在藝術上也達到了一定的高度。

陳廷敬是清代康熙年間的文學大家，在詩文創作上取得了很高的成就。他的詩以杜甫為宗，別具一格，成為與詩人王士禛和散文家汪琬齊名的文學泰斗。有陳廷敬這樣的大詩人，帶動了陳氏家族的一大批詩人。陳廷敬的孫子陳崇儉有詩曰：「細排詩律是傳家。」陳廷敬的侄曾孫陳秉焯有詩曰：「聲律傳家細討論。」都說的是陳氏家族素有細排詩律、討論聲律的詩學傳統。

陳廷敬的堂兄陳元，號澹庵，是翰林出身，著有《澹庵詩草》。陳廷敬弟兄八人，陳廷敬為長子，七個兄弟除三弟廷藎早逝外，其餘六個兄弟都著有詩集，有詩作傳世。陳廷敬的兩個兒子，陳豫朋、陳壯履兄弟倆是一對翰林，都是詩人。陳豫朋詩宗法二謝、杜甫，得其神髓。

陳豫朋的詩與邑人戶部侍郎田懋齊名，號稱陳田。田懋是雍正年間文華殿大學士陽城人田從典的兒子，曾做過副都御史，不畏權貴，清名遠揚，人稱「白面包公」。後來因為彈劾過多，得罪了許多高官重臣，引起了乾隆皇帝的不滿，以其「嗜酒務博」責令回籍閉戶讀書。後來陳豫朋辭官歸家之後，便到縣城東關拜訪田懋，二人常有唱和。陳豫朋死後，田懋在輓詩中有句說：「萬首生平憶劍南。」是說陳豫朋一生作詩甚多，有如南宋愛國詩人陸放翁。「劍南」指代陸放翁。「雅懷當代應無兩。」是說陳豫朋儒雅的胸懷當世無雙。對陳豫朋的人品和詩歌都給予了高度的評價。

陳廷敬第三子陳壯履，號南垞，官至侍讀學士、內廷供奉，成為康熙皇帝身邊的近臣。後來偶有小錯，又被降為翰林院編修。他繼承了陳氏的家學，素擅鴻詞，以文章著名翰苑，人稱南垞學士。

陳廷敬的侄子陳隨貞，也是翰林出身，在陽城縣城西北青林溝隱居。善吟詠，徜徉山水，流連風光，目光所向，皆為詩章。有詩作傳世。

陳廷敬的孫輩是陳氏家族的第十一世，大多生活於雍正與乾隆時期。雖有數人步入仕途，但無突出政績。由於陳氏家境的沒落，大多過著詩酒自娛的生活。他們的詩文雖有別集，但也皆未刻版，流傳下來的也僅是吉光片羽。但這一代有詩作傳世的詩人達十人之多，其中較突出的是陳豫朋的兒子陳師儉、陳名儉、陳崇儉、陳傳始等人。

在陳廷敬的曾孫輩的詩人中，較為突出的是陳秉焯和陳法於。

陳秉焯，字亮宇，號明軒，是陳廷敬的二弟陳廷繼的曾孫，澤州府學廩生。陳秉焯為人豪爽，為魯仲連、李太白一流人物，與之交往，如同飲醇酒一般，令人心醉。他到濟南去遊歷，高級官員爭相延請他做幕僚。陳秉焯在濟南與文學家桂馥等人結為好友。

桂馥，號未谷，山東曲阜人。清乾隆五十四年（一七八九年）二月，陳秉焯與桂馥等人同遊濟南的五龍潭，看到此處山清水秀，草木蔥蘢，於是他們就在此處修建了房屋，叫做潭西精舍。陳秉焯和桂馥在這裡聯床夜話，寫詩唱和。當時的詩壇領袖著名文學家翁方綱也加入他們的行列。陳秉焯中年以後，投身於治河工程，官至山東河工閘官，在衡家樓築堤，死於工地。他平生抱負不凡，有經世濟物之才，作詩乃其餘事。他著有《聽書樓詩稿》。延君壽評他的詩「如春雲出岫，姿態橫生，專門名家，恐未能過」(延君壽·《樊詩一集》)。

陳法於，字金門，是陳廷敬之曾孫，陳豫朋之孫。他身材矮小，目光炯炯有神，口雖微吃而談鋒甚利。他家學有自，早歲便能詩，向詩人王炳照學習之後詩寫得更為工整。他在考中秀才之後就不再參加科舉考試，足不入城市，有古隱士之風。他在先人舊園內修築小軒，栽花種竹，讓老師王炳照為他命名。王炳照看到他的小軒草木清華，便想起了蘇東坡「花木秀而野」的詩句，於是把這座小軒命名為「秀野山房」，並為他題了匾額。他在這裡讀書吟詩，甚為自得，著有《秀野山房詩抄》。他與當時陽城詩人張晉、延君壽、張為基情誼最篤，風雨聯床，吟詠酬答，號稱「騷壇四逸」。他們四人組成「樊南吟社」，當時參加樊南詩社的詩人曾達十五人之多，可以說是一時之盛事。陳氏家族素有詩學傳統，以至出現了陳廷敬這樣康熙詩壇上的大家，並帶動了陳氏幾代人，詩律傳家，播芳後世。

閨閣雙秀

陳氏家族留有詩作到現在的女詩人有兩位，一位是陳廷敬的孫女、陳豫朋的長女，另一位是陳廷敬的孫媳婦、陳豫朋的兒媳婦。

陳廷敬的孫女、陳豫朋的長女，名叫陳靜淵，生活在清代雍正、乾隆年間，是陳氏家族中唯一留下名字的女性。古代社會，女子不參加社會活動，很少能留下名字來，包括陳廷敬的母親張氏夫人、陳廷敬的妻子王氏夫人，都是出身名門，受過皇封，貴為一品誥命夫人，在古代女性中地位尊榮顯貴，僅次於皇家的后妃，但也都沒有留下名字。所以從這一點來說，陳靜淵算是夠幸運的，她的名字傳到了幾百年之後的今天，並且將永遠地傳下去。

陳靜淵生長在詩書世家，她的祖父陳廷敬、父親陳豫朋、兄弟陳師儉都是翰林出身，又都是詩人，所以她從小便受到了極好的文學薰陶。

陳靜淵成年後嫁給澤州大箕的衛璠（ㄈㄢˊ）之子衛封沛。澤州大箕的衛氏也是大家族，衛璠這一支在明末從澤州遷到了河北滄州。衛璠弟兄三人，兄衛璪（ㄗㄠˇ）、弟衛瑛都官至道臺，也是官宦之家。

衛璠，字奐魯，康熙三十年（一六九一年）進士，官刑部主事、禮部郎中，外轉陜西神木道。衛璠和陳豫朋是同僚好友。

衛璠的兒子衛封沛是貢生，年少而富有才華，陳靜淵婚後生有一子。陳家與衛家門當戶對，陳靜淵嫁給衛封沛可以說是美滿姻緣。不料橫禍飛來，衛封沛忽患癲癇病而死，陳靜淵變成了寡婦。寡居的生活，非常淒苦，陳靜淵經常坐臥於一樓，多愁多病。陳豫朋作為父親，當然能體會到愛女的苦衷，只好用佛家的因果思想安慰她，說：「悟卻前因，萬慮皆消。」意思是說，你只要領悟到人生的命運都是前生種下的因由，一切雜念就能夠消除。又為她居處之樓題額曰「悟因樓」，叮嚀她說：「宜常體吾心，遣卻愁懷，莫役神思。」意思是說，你要常常體諒我的心情，排遣愁緒，不要枉費神思。陳靜淵秉承父命，每日吟詩教子，怎奈天長日久，愁緒紛投，亟遣難盡，因於病中賦詩云：

悟卻前因萬慮消，今朝誰復計明朝。只憐欲遣愁無力，憔悴形容暗裡凋。

（陳靜淵：《悟因樓》）

意思是說，按照佛家的觀點，事情都是在前生就種下因由的，只要能領悟出來這個道理，就能萬慮皆消，今天誰還要去想明天的事情呢？不必去管它了。但是自己卻總是沒有力量把心裡的愁苦排遣掉，本來就顯得憔悴的面容就像花草一樣不知不覺枯萎凋零了。

在封建社會，婦女要恪守貞節。貞婦烈女，朝廷要旌表，社會要讚譽，事蹟要載入志書，牌位要供在官府設立的節孝祠。因此，女子都把貞節視為自己的第一生命，都以守節、殉節為最大的榮耀，於是歷史上出現了眾多的貞婦烈女。陳靜淵也不例外，她有兒子，她要矢志守節，教子成人。她和封建社會眾多的守節女子一樣，做了封建禮教的犧牲品，一生在愁病中度過。她的詩寫個人情懷，纏綿悱惻，幾乎篇篇都說愁，體現了她淒苦孤寂的內心世界。清代詩人李錫麟（號牧坪）這樣稱讚她：「以禮自持，以詩自適，清節高風，尤富貴家閨中所難，固巾幗高士也。」

有人編故事說，陳靜淵僅活了二十二歲便憂鬱而死，這種說法只是空穴來風。陳靜淵的生卒年雖然沒有被記載下來，人們無法知道她確切的年齡，但陳靜淵是一個很有名氣的詩人，她的事蹟很多文獻都有記載，如果她真的早逝，這些文獻中絕不會無任何資訊。可以肯定地說，陳靜淵是壽終正寢，是正常死亡的。陳靜淵有一首詩《盜警移居》，其中說：「山村暴客蜂蟻集，呼嘯聲喧苦相逼。鄉人狼狽東西馳，曉暮何曾暫休息。」這首詩後面注明，詩作於雍正五年（一七二七年）六月。雍正五年六月，澤州人靳廣與河南濟源縣的翟斌如利用白蓮教聚眾作亂，殺人越貨，鄉人奔避。陳靜淵的詩所寫的就是這件事情。前面說過，雍正五年（一七二二年），陳豫朋的兒子陳師儉中進士，欽點翰林，這一年陳師儉二十九歲。陳靜淵是陳師儉的大姐，她此時的年齡肯定是要大於二十九歲。這說明陳靜淵超過了二十九歲的年齡仍然活著，所謂二十二歲早逝的說法不攻自破。

陳氏家族的另一位女詩人是陳師儉的妻子，這是一位知書達理的女子。她的娘家是澤州大箕的衛氏。她沒有留下名字來，因為她姓衛，嫁到了陳家，按古來的習慣，稱她為陳衛氏。

陳師儉於清雍正五年（一七二七年）考中進士，欽點翰林，做了廣西泗城府同知，是正五品官。因此陳衛氏有了五品誥命宜人的封號，成為朝廷命婦。但是陳師儉在清雍正六年（一七二八年）就病故了，年僅三十歲，陳衛氏便守了寡。陳衛氏早年孀居，誦詩書，習禮法，以教育嗣子為務。澤州大箕的衛氏也是詩書世家，陳衛氏也能詩，但她的詩僅留存下來一首《歲寒課子》，詩曰：

梅花獨放歲寒枝，夜靜機窗罷織時。寂寞更深人不寐，青燈黃卷課孤兒。

歲寒課子，歲寒指一年中的嚴寒時節，課子就是教育督促兒子讀書。詩的第一句

「梅花獨放歲寒枝」，是形容自己的心志，雖然是孤兒寡母，辛苦異常，卻如同一枝獨放的梅花，經霜傲雪，在一年最寒冷的季節開放。

第二句「夜靜機窗罷織時」，機是織布機，放在窗下是為了採光。這句是寫教子讀書的具體時間，正是夜深人靜的時候，陳衛氏自己也停止了一天的勞作，機窗罷織，不再織布了。

第三句「寂寞更深人不寐」，更深夜靜，萬籟俱寂，世人都入睡了，只有這一對孤兒寡母沒有入睡，做什麼呢？

第四句「青燈黃卷課孤兒」，是說這位母親在青燈之下，面對紙張發黃的古書，教自己的兒子攻讀學業。

陳衛氏知書達理，在陳氏家族中很有威望。先人的祠堂、墳墓、園林、亭臺，她終身守護掃除。當時陳氏家族已經衰落，她家雖已非常貧窮，但門庭肅然，架子不倒。族人有疑難事，皆來向她請決，她為之陳說道理，無不允當。歷數十年如一日，被陳氏族人稱為「女宗」。女宗即指女子的楷模。陳衛氏善書工詩，著有《西窗晚課稿》。西窗晚課，青燈黃卷，是一個勤學苦讀的才女形象，是她一生孀居生活的真實寫照。她死後，其堂侄陳秉焯有《輓從伯母衛宜人詩》云：

檗苦冰寒四十年，支撐門戶閫英賢。堅心看老魚山柏，清響聽殘鶴圃泉。教子教孫幾斗淚，一姑一息每弓田。深閨曾睹先生席，白髮青燈有蠹編。

（陳秉焯：《聽書樓詩稿》）

「檗苦冰寒四十年」，檗（ㄅㄛˋ），黃柏樹，樹皮味苦，是一種藥材。檗苦冰寒是形容陳衛氏守寡四十年的苦寒生活。

「支撐門戶閫英賢」，閫（ㄎㄨㄣˇ）泛指婦女。這句是說，她支撐陳氏家族的門戶，堪稱是婦女中的英賢。

「堅心看老魚山柏，清響聽殘鶴圃泉。」魚山、鶴圃都是午亭山莊的景觀，這裡的魚山老柏和鶴圃流泉，正是陳衛氏四十年始終如一的堅心和清節的象徵。

「教子教孫幾斗淚」，是說她教子又教孫，過著辛酸苦痛的生活。

「一姑一息每弓田」，姑指婦人，息指小兒。一姑一息，就是母子兩個。弓，舊時量地器具步弓的省稱，後亦用作丈量地畝的計算單位。舊時營造尺以五尺為一弓（合一點六公尺），二百四十方弓為一畝。這一句是說，陳衛氏母子兩人在這每一弓田地上都辛勤勞作。

「深閨曾睹先生席」，是說作者曾經進入過這一位伯母居住的房間，看到過伯母深閨居處的情況。這房間有什麼不同呢？

「白髮青燈有蠹編」。蠹編，指被蟲蛀壞的書，即指古舊書籍。深閨中是一位白髮老人面對青燈黃卷在苦讀。陳秉焯所描寫的陳衛氏的形象栩栩如生，真實動人，具有很強的藝術感染力。

陳氏家族作為詩書世家、文化巨族，女詩人絕不只此二人。在陳氏家族的第十二世子孫中有一位詩人叫做陳沛霖，他寫過一首詩《午日恭步姑母原韻》：「句題蒲葉燦丹黃，艾酒芳凝百和香。佳節愧承慈意切，周遮戚語話斜陽。」午日，是端午節。步姑母原韻，是說姑母寫了端午節的詩，陳沛霖用姑母的原韻寫了和詩。陳沛霖是翰林陳隨貞的孫子，他的姑母自然就是陳隨貞的女兒了。陳隨貞有兩個女兒，一個早逝，另一個嫁給了河南濟源縣的舉人段景文。段景文的父親段志熙官至浙江布政使，也是官宦之家。陳隨貞的女兒能詩，是一位詩人，只不過是她的詩作沒有流傳下來。

古代印刷技術落後，刻書不容易，僅憑抄本很難流傳下來。由此可以斷言，陳氏家族的詩人，有詩作流傳至今的是三十三位，被淹沒的詩人更是不知凡幾。

第六章

宰相家風

雅訓傳家

在康熙皇帝賜大學士陳廷敬的詩中有這樣的句子：「禮義傳家訓。」意思是說，陳廷敬的家族是一個禮義之家。這個禮義之家家風的形成，靠的是陳氏家族世代相傳的雅訓良規。

陳氏的三世祖陳秀在任西鄉縣典史時，寄給兒子三首律詩、三首詞曲，這些詩詞後來就成了陳氏家族的家訓，給陳氏後人指引了一個正確的發展方向，成為陳氏後人居家立身之本，對陳氏後人產生了很大的影響。

陳廷敬的伯父陳昌言說：「肇造餘家，實權輿諸此。」（陳昌言：《述先草序》）「肇造」是「創造」的意思，「權輿」是「起始」的意思。這句話就是說：創造我們這一個詩書世宦之家，就是從三世祖陳秀確立家訓開始的。

陳廷敬也說：「迄今予家食醇厚和平之福者，實肇於此也。」（陳廷敬：《陳氏家譜》）大意是說：直到現在，我們這一家能夠享受醇厚和平之福，實在是從這些祖宗的教誨中產生出來的。

陳家家族有了家訓，便有了立身處世的規矩。陳氏先輩皆謹慎自律，言傳身教，出現了不少值得稱頌的典型儀範，給陳氏的後人和鄉里做出了榜樣。陳廷敬曾在《陳氏家譜》後題詩曰：

側聞長老訓，諸祖稱豪賢。披籍閱往代，歎息良復然。誡詞炳星日，志氣薄雲天。處士及吏隱，一一皆可傳。淳休被邑里，聲華如蟬聯。緬維卜東莊，始自宣德年。耕稼三百載，風義桑梓前。小子恥甘肥，食利忘所先。惕然從中懼，勖哉以無愆。

大意是說：我恭敬聆聽長老的訓誨，知道列位先祖都可以稱為賢德之人。翻閱歷代先人留下來的文字，我被感動得不禁反覆歎息。先祖告誡後人的家訓有如星日光輝，先祖的志氣真可上薄雲天。不論是隱居於鄉或是為官為吏，其事蹟都可以代代留傳。淳樸的盛德覆蓋著鄉里，聲望光華相繼而不絕。遙想我的祖先選擇東莊（指中道莊，即今皇城）定居，開始於前明的宣德年間。在這裡耕田種地已經將近三百載，風概高義流布於鄉里民間。我現在能夠享受肥美甘甜的生活，怎麼可以忘記創業的祖先？心中忽然產生了戒慎恐懼的思緒，要以此勉勵自己奮發努力，避免一切過錯。

陳廷敬的伯父陳昌言，主持修建了斗築居城，寫下了《斗築居銘》，告誡後人創業艱難、守成不易的道理。陳廷敬的父親陳昌期，常常教育子弟，讀書以立品為先，次及舉業。陳廷敬做官之後，不僅自己潔身自好，而且特別注重教育家人後輩保持清廉之風，他所寫教育子弟的詩，也成了陳氏家訓的重要組成部分。

皇城陳氏家訓解讀：

家訓之一　教子詩　陳秀

【原文】才憶兒時便起愁，愁兒不把放心收。肯離家舍來官舍，料出歌樓入酒樓。未得彩衣承膝下，且將綠蟻展眉頭。天涯誰念虛甘旨，顧我於今鬢已秋。

【注釋】放心：放縱之心。

彩衣：《列女傳》說，昔楚老萊子孝養二親，行年七十，嬰兒自娛，常著五色斑斕衣，為親取歡。後因以「彩衣」指孝養父母。

膝下：指在父母的身邊奉養。綠蟻：酒面上浮起的綠色泡沫，亦借指酒。甘旨：指對雙親的奉養。

【譯文】才想起兒子來我就發憂愁，憂愁兒子不把放縱之心收。你是否肯離開家來到官衙，料想你出了歌樓又進酒樓。未曾得到兒子在身邊盡孝，只好借飲酒暫時舒展眉頭。遠在天涯誰想到奉養老父，看我如今已經是兩鬢如秋。

家訓之二　教子詩　陳秀

【原文】百歲光陰易擲梭，痴兒莫得等閒過。起家紹業由勤儉，處事交人貴緩和。酒飲三杯須用止，書攻萬卷未為多。我今欲著燈窗力，鬢點秋霜奈老何？

【注釋】擲梭：織布時投擲梭子，比喻時光迅疾。紹業：繼承先人的事業。燈窗：窗前燈下，指苦學之所。秋霜：秋日的霜，比喻白髮。

【譯文】人生百年光陰消逝如同抛梭，痴心兒子莫把時光隨便度過。繼承祖宗基業要靠勤勞節儉，為人處事交友貴在厚道緩和。酒飲三杯即止免得貪杯誤事，詩書努力攻讀萬卷不能算多。如今我想燈前窗下用心努力，兩鬢添霜年老衰邁無可奈何。

家訓之三　教子詩　陳秀

【原文】我去從王事，空庭兒獨留。詩書勤講讀，財利少貪求。濁酒休酣飲，閒街莫浪遊。肯能依此語，可免汝爺憂。

【注釋】王事：王命差遣的公事。空庭：空寂的庭院。濁酒：用糯米釀製的酒，較混濁。這裡泛指酒。酣飲：暢飲，痛飲。

浪遊：漫遊，四方遊蕩。汝爺：汝，你。爺，父親。

【譯文】我在外做官操勞公事，兒子在家中獨自居留。詩書要用心勤奮講讀，財利卻不可一意貪求。遇美酒莫要開懷痛飲，到大街不要四處閒遊。你如能虛心聽從此話，可讓你老父免去憂愁。

家訓之四　教子詞　陳秀

【原文】爺今繫宦途，兒獨營家計。清勤爺自守，孝友在兒為。爺事兒知：濁富非吾志，寧懷一念私！享濁富徇利亡身，懷私心違天害理。

【注釋】宦途：做官的道路，官場。濁富：不義而富，與「清貧」相對。徇利：不惜身以求利。徇，通「殉」。違天害理：做事殘忍，違背天道倫理。

【譯文】老父身在宦途官場，兒子獨自經營家計。清廉勤政我自遵守，孝順友愛卻要兒為。我的事情你應該知道：貪圖錢財非我志向，豈能存有一念之私！享受不義之財，只會因為利益喪失性命；心存私欲雜念，只能違背天意傷害天理。

家訓之五　教子詞　陳秀

【原文】修職業要如清獻，不貪財欲比元之。爺傳命，兒須記：友于劣弟，孝事慈闈；少銜曲糵，多讀書詩。好好將舍宇修葺，謹謹把門戶支持。交幾個勝己友相近相親，覓幾文本分錢休慳休侈，說兒句讜直言無詭無隨，親戚鄰里人情來往休教廢。學謙和，拘廉恥，心正身修家更齊，便是佳兒。

【注釋】

清獻：指北宋名臣趙抃（一〇〇八年至一〇八四年），字閱道，號知非，衢州西安（今浙江省衢州市）人。景祐元年（一〇三四年）進士，除武安軍節度推官。歷殿中侍御史、天章閣待制、河北都轉運使、右諫議大夫、參知政事。卒贈太子少師，謚「清獻」。趙抃在朝彈劾不避權勢，時稱「鐵面御史」。平時以一琴一鶴自隨，為政簡易，長厚清修。著有《趙清獻公集》。

元之：指北宋詩人、散文家王禹偁（九五四年至一〇〇一年），字元之。濟州巨野（今山東省巨野縣）人。太平興國八年（九八三年）進士，歷任右拾遺、左司諫、知制誥、翰林學士。敢於直言諷諫，因此屢受貶謫。宋真宗時，復知制誥。後貶至黃州，又遷蘄州病死。任知制誥時，禹偁奉旨起草《李繼遷制》，李繼遷送馬五十匹為賄賂，禹偁堅拒不受，傳為佳話。

友于：《書．君陳》有「惟孝，友于兄弟」之句。後即以「友于」為兄弟友愛之義。

慈闈：舊時母親的代稱。

曲蘖：指酒。蘖（ㄋㄧㄝˋ），釀酒用的發酵劑。修葺：修理建築物。

讜直：正直。讜（ㄉㄤˇ），正直，敢於直言。

【譯文】做事業要像鐵面御史趙清獻，不貪財要像翰林學士王元之。老父我傳訓誡，兒子你要牢記：對兄弟要友愛，對老母要孝敬；莫要貪杯飲酒，須多講讀詩書。房屋宇舍要勤加檢修，家中事務要謹慎支援。要交品德高尚的朋友，多和他們相親相近；要賺本分乾淨的錢財，不要吝嗇也不奢侈；要說正直公道的言語，不說假話也不逢迎；和親戚鄰里的友好往來不能荒廢。要學習謙和的態度，要遵循廉恥的準則。誠意正心，修身齊家，就是一個好兒子。

家訓之六　教子詞　陳秀

【原文】我於今血氣衰，兒得先思義。年紀老，謀生懶用機。縱有金書，不把吾兒遺。你想為人時，謹依：要成家時，努力！若你指望爺錢，兒也，誤了你！

【注釋】血氣：指元氣，精力。用機：指使用機巧功利之心。

【譯文】我現在已經精力衰邁，兒子你做事先思道義。年紀老了，謀求生計懶於用心機。即使有財富，我也不能留給兒子你。你要想做人，謹慎遵守道德規範；你要想成家，依靠自己不斷努力。如果你指望老父的錢，兒呀，可要誤了你！

家訓之七　斗築居銘　陳昌言

【原文】斗築拮据，二十餘年。創之不易，守須萬全。修齊敦睦，追本溯源。和氣致祥，家室綿延。世守而勿替，惟我子孫之賢。

【注釋】斗築：斗築居，指陳昌言於明崇禎年間修建的城堡。拮据：勞苦操作，辛勞操持。修齊：謂修身齊家。勿替：不改變，不廢棄。

【譯文】自從斗築居城創修以來，辛勞操持已經二十餘年。先輩創基立業實屬不易，後人看守維護須求萬全。修身齊家更應親厚和睦，不忘祖宗時常追本溯源。和平之氣可致百福千祥，家庭家業自然昌盛綿延。世世代代堅守永不衰落，希望我的子孫個個英賢。

家訓之八　論讀書　陳昌期

【原文】學者攻應舉文字，恆視讀書立品為二事。吾所以教汝曹者，以讀聖賢書，當實存諸心而見之行事。凡讀書，令往復涵泳其中，身體力行，以變化氣質為先。

【注釋】學者：讀書求學的人。應舉：參加科舉考試。立品：培養品德。汝曹：你們。涵泳：深入領會。氣質：人的生理，相當穩定的個性特點。

【譯文】求學的人攻讀應對科舉考試的學問，常常把讀書學習和品德修養看作是兩件事。我用來教導你們的是，讀聖賢的書，應當把聖賢的思想牢記在心裡，並且要體現在自己的行動上。凡是讀書，都要反覆深入地去領會，親身體驗，努力實行，把改變自己的性情素養放在首位。

家訓之九　示壯履　陳廷敬

【原文】盛年已過莫遲疑，先聖當年卓立時。學不求名吾自喜，文能見道汝應知。世傳杜老詩為事，人識蘇家易有師。更得一言牢記取，養心寡欲是良規。

【注釋】壯履：陳廷敬的第三子陳壯履。
盛年：男子自二十一至二十九歲為盛年。先聖：指孔子。孔子三十而立。文能見道：用文章來體現儒家思想。杜老：指唐代詩人杜甫。蘇家：指宋代蘇洵、蘇軾、蘇轍父子。易有師：學習《易經》的老師。蘇軾著有《東坡易傳》九卷，實則為父子三人共同的作品。

【譯文】兒子你盛年已過不可再遲疑，三十歲是先聖孔子卓立之時。勤奮好學不求虛名我自欣喜，寫作詩文必以見道汝應深知。歷代傳揚詩聖杜老吟詩為事，世人皆知東坡蘇子學易有師。更有一句名言你要時刻牢記，為人處世養心寡欲乃是良規。

家訓之十　誡子孫　陳廷敬

【原文】豈因寶玉厭飢寒，愁病如予那自寬？憔悴不堪清鏡照，龍鍾留與萬人看。囊如脫葉風前盡，枕伴棲烏夜未安。憑寄吾宗諸子姓：清貧耐得始求官。

【注釋】憔悴：憂戚，煩惱。龍鍾：衰老貌，年邁。脫葉：落葉。棲烏：晚宿的歸鴉。吾宗：我們的宗族。子姓：泛指子孫、後輩。

【譯文】豈能因為貪圖金玉厭惡飢寒，使我憂愁多病如何放心自寬。連日煩惱形容憔悴不忍照鏡，龍鍾老態卻敢留給萬人觀看！錢袋空如落葉真可隨風飄去，枕邊伴隨烏鴉整夜鳴叫不安。因此寄語宗族中的子孫後輩：只有耐得清貧才有資格求官。

陳氏家族的家訓，身教言傳，鼓舞激勵著一代又一代的陳氏後人，使陳氏家族成為一個禮義之家。

尊儒重道

儒、道是指孔孟創立的儒家學派及其政治主張或思想體系，是關於社會倫理道德的學問，要求人的自我修養要達到最高境界，止於至善。古代的讀書人，主要是攻讀儒經，即四書五經。攻讀儒經不僅僅是獲得了一門學問，更主要的是思想道德的養成。陳氏家族，世代業儒，把學習儒經當成了一生的大事，在儒學方面下了很多功夫。陳氏家族尊儒重道的思想體現在各個方面，比如說命名。

陳廷敬的原名是一個「敬」字，叫陳敬，這個「敬」字就體現了儒學的主敬思想。《易經・坤卦》說：「君子敬以直內。」意思是說，君子透過恭敬謹慎來矯正思想上的偏差。他的字是「子端」，「子」是虛字，「端」有兩層意思，一是正，不偏斜；二是直，不彎曲。「子端」這個字反映了主敬思想的內在含義。

陳廷敬是著名的理學家，他十分強調躬行，即用自己的實際行動說話，不崇尚空談。他在《困學緒言》中說：「古人讀書，直是要將聖賢說話實體於身心。與其言而不行，寧行而不言。君子以身言，小人以舌言。故欲知其人，觀其行而已，言未可信也。」他認為躬行的真正含義，就是按程朱理學的思想規範自己的行為。道學有真道學與假道學之分，表裡如一，日常行事合乎倫理道德的道學是真道學；表裡不一，日常行事不合乎倫理道德的道學是假道學。真道學把理學作為人生理想的最高追求，而假道學把理學作為換取高官厚祿的入場券。陳廷敬言語不多，不尚空談，但視聽言動處處按理學的要求循規蹈矩。在他的一生中，很難能找出錯誤。李光地對陳廷敬的行事極其嘆服，他說：「澤州之慎守無過，後輩亦難到。」陳廷敬關於注重躬行的論述，也成為陳氏家族行事的準則。

陳氏家族不僅在觀念上處處體現理學的思想，在行為上更是處處以程朱理學約束自己，低調做人，高標處世。陳氏家族原來沒有家譜，陳廷敬的父親陳昌期決定讓陳廷敬執筆編修家譜，並告訴陳廷敬：

譜牒散亡，今則不敢妄有所祖，徵信近代焉可也。昔狄樞密為有宋功臣，有梁公之後，持公圖像告身，詣青獻之，以為青之遠祖。青謝曰：「一時遭際，安敢自附梁公？」人以為名言。五季郭崇韜哭於汾陽之廟，識者於今哂之。譜亦何可易言，譜亦何可妄言也！

大意是說：修家譜的時候，世人往往攀附古代名人作為自己的祖先。我們不要這樣做，只按我們近代的實際情況寫就行了。宋代名將狄青，出身微賤，但與西夏打仗，屢建奇功，被范仲淹重用，後來官至樞密使，相當於副宰相，執掌兵權。當時有一位唐代名相狄仁傑的後代，拿著狄仁傑的畫像獻給狄青，說你是狄仁傑的後代，狄仁傑也是你的祖先。狄青回答說，我不過是一時際遇，碰上好運氣，立了一些功勞，怎麼敢去攀附狄梁公啊？人們把他的話當作至理名言。五代後唐有一位郭崇韜，也出身微賤，後來做了大官，位兼將相，他為了美化自己，自認唐代名將郭子儀為祖先，到郭子儀的墓上號啕大哭，這種弄虛作假、攀附名人的行為被後人引為笑柄。陳昌期告誡陳廷敬不必妄攀名人為先祖，反映了他不尚浮華、求真務實的思想。

陳廷敬的父親陳昌期認為，讀聖賢書，應當以立品為先，次及舉業，先道德而後文章。陳廷敬晚年還在思考，父親所說的「讀書以立品為先」，不僅讀書、應舉、寫文章是這樣，養身的道理也與此相近，也是當以立品為先。所以他寫詩說：「立品以讀書，吾先子明訓。小子益一語，養身理相近。」（陳廷敬：《午亭山人第二集》卷一）陳廷敬為了對子弟進行孝悌思想教育，還專門編寫了《孝經刊誤述釋》一書，作為家塾中的教材，讓陳氏子弟學習。由此可見陳氏家族儒學教育情況之一斑。

耕讀並舉

陳氏家族是典型的耕讀之家。陳廷敬之父陳昌期曾說：「明季吾兄宦遊於外，餘以耕讀攝家政，銖積寸累，薄成基業。」（陳昌期：《槐雲世蔭記》）陳廷敬也說：「吾家自上世以來雖業儒，然本農家，衣食僅自給。」（陳廷敬：《百鶴阡表》）陳廷敬在《譜牒後書》詩中有句曰：「緬維卜東莊，始自宣德年。耕稼三百載，風義桑梓前。」其中「耕稼三百載，風義桑梓前」兩句，明確指出陳氏有三百年的農耕歷史。再看當時其他人的記載，清初陳昌言的同僚陽城人白胤謙在《題陳泉山侍御止園》詩中說：「此山富泉石，下有幽人宮。耕稼百餘年，淳樸多古風。」也是說陳氏是以農耕為業。

據《康熙四十一年陳氏分撥總帳》記載，康熙四十一年（一七〇二年）陳氏分家，陳廷敬的三個兒子每人所分財產情況如下：陳謙吉分得郭峪並各莊共房四百一十三間，共地六百七十九畝五分，共羊一千一百隻。陳豫朋分得郭峪並各莊共房四百三十九間，共地六百三十一畝，共羊一千隻。陳壯履分得郭峪並各莊共房四百三十三間，共地六百五十四畝，共羊一千隻。以上共計房屋一千二百八十五間，土地一千九百六十四畝五分，羊三千一百隻。從這個帳單來看，陳廷敬的三個兒子所分得的財產只有房屋、土地和羊群，並沒有店鋪、錢莊、工廠、作坊等。由此可見，陳氏家族在歷史上根本不是靠經商來致富的，而是典型的耕讀之家。

陳氏在歷史上也曾有一位經商的人，那就是陳廷敬曾祖陳三樂的四弟，名叫陳三益。陳三益幼讀詩書，長大之後就出外經商，常來往於河南、河北一帶。但他並沒有因為經商而致富，最後死在衛輝的一家旅店裡。身後淒涼，又無子嗣，只留下了一位副室郭氏孤苦無依，死後還是陳廷敬等族人給她料理了喪事。陳三益是一個失敗的商人，同時他也不是陳廷敬的本支，在陳氏家族中沒有形成主流。因此，沒有理由因為陳氏族人曾有人從事過商業活動，而把陳氏家族定位在晉商的行列中。陳氏的始祖陳靠就是以牧羊耕田為生。

在陳氏的祖祠中，供奉著陳氏始祖陳靠的畫像，是牧羊人的打扮裝束，手裡拿著放羊的鞭子。這說明陳氏家族在思想上不以農耕牧羊為低賤之事，因此他們始終保持著耕讀並舉的家風。從始祖陳靠、二世陳林、三世陳秀、四世陳珙、五世陳修、六世陳三樂、七世陳經濟，發展到八世陳昌言、陳昌期、陳昌齊弟兄三人，陳氏經過了八代三百年的辛勤耕稼歷史，成為方圓百里的富戶巨族，到了非常興旺的階段，但他們仍然不敢放棄耕讀傳家的本色。

陳氏先人深知積學儲寶，學可醫愚，非常重視讀書，屢屢勉勵後人勤讀詩書，書攻萬卷未為多。陳氏族人都是先讀書，力爭考取功名，實在考不上，就從事農耕生產，並且親自參加生產勞動，半耕半讀。陳氏相傳，鄉人中有富貴敗落之家的子弟，愚不可及，甚至拿著金碗討飯，而不知金碗可換錢，都是因為不讀書的緣故。故陳氏族人即使不求取功名，也以讀書為樂，詩酒自娛，故而出現了眾多的詩人，成為中國清代文化巨族。

陳氏堅持耕讀傳家，親自勞作，深知一粥一飯來之不易，養成了勤勞儉樸的優良習慣，特別崇尚節儉。陳氏的六世祖陳三樂，將他的女兒嫁給了明代吏部尚書王國光之孫王于召。王國光是明代著名的政治家，是張居正進行改革的得力助手，是明代陽城縣官職最高的人。王氏家族是陽城白巷裡的大戶，方圓有名的官宦之家。陳三樂能和王國光的兒子攀親，成為兒女親家，說明當時陳氏家族的聲望已非同一般。但是陳三樂仍然節衣縮食，自奉儉約，不講究排場體面，家中甚至還沒有接見賓客的廳堂，待人接物都在家門前的大槐樹下，由此可以想見陳氏一貫樸實無華的生活作風。陳廷敬之父陳昌期說：「餘以耕讀攝家政，銖積寸累，薄成基業。」是說他們的家業是靠勤儉持家、細水長流，一點一滴積累起來的。

陳氏耕讀並舉的家風，使陳氏族人養成了安貧樂道、不以富貴為中心的高尚品格。陳廷敬弟兄幾人都在外做官，只有二弟陳廷繼在家中主持家政，過著耕田讀書的生活。他平時衣著樸素，絕無紈絝子弟的奢華習慣。出門在路上行走，衣著打扮和平民沒有兩樣，遇到他的人都看不出他是貴家公子。陳廷敬的孫媳婦、翰林陳師儉的妻子陳衛氏，被封為五品誥命宜人，是朝廷命婦，知書達理，被陳氏族人稱為「女宗」，她還經常親自和兒子到田裡辛勤勞作，自食其力。

積德行善

《易經》有言：「積善之家，必有餘慶，積不善之家，必有餘殃。」陳氏有「覓幾文本分錢休慳休侈」的祖訓，意思是要賺本分乾淨的錢，不要吝嗇，也不奢侈。所以陳氏歷代祖先雖然自奉極其節儉，但在周濟別人急難之時，卻從來沒有吝嗇之意，廣施錢財，樂此不疲。

陳氏的五世祖陳修，字宗慎，號柏山，輕財好施，鄉親有急難來求他，他總要出錢出糧相助，從不推託。鄉親欠了他的債，如果償還不了，他就焚燒債券了帳。

陳氏的六世祖陳三樂，字同倫，號育齋，樂善好施，是一位遠近聞名的大善人。每遇到災荒年，他自己常常節食減用，盡力接濟飢民。他經常坐在家門前的大槐樹下，備下茶飯招待過路的行人。人們遇到為難的事情，就到這裡來找他，他會立即想法幫助解決，一定要讓對方滿意為止；即使他自己偶然有困難，一時不便，也要想盡辦法滿足對方所求，不讓對方不歡而去。後來陳廷敬的父親陳昌期專門寫了一篇文章《槐雲世蔭記》，歌頌了陳三樂樂善好施的美德，並且表示要把這種風尚繼承下來，世代相傳。

到了陳廷敬的父親陳昌期的時候，他治家謹嚴，勤儉節用，和他的先輩一樣，常以錢糧周濟族人和鄉親。明末兵荒馬亂之際，陳昌期盡發家中儲存的糧食解救百姓。每逢饑年，必拿出家裡的錢糧救災，只要飢民來借糧借錢，沒有不答應的，也不要求償還。百姓依靠陳昌期的周濟生存下來的，不下數百家，皆感其恩德。陳昌期積德行善的名聲很大，傳得很遠。

清康熙二十七年（一六八八年）遭災荒，陳昌期「倒囷（ㄐㄩㄣ）傾篋以濟飢者，焚負券巨萬。里人上事請旌，昌期聞而止之曰：『濟人豈可近名？』懷德者為立石通衢，接數十里以表之」（同治《陽城縣誌》卷十一）。意思是說，陳昌期將自己糧倉中儲積的糧食全部發放給鄉人，又把鄉人歷年來向他借錢的債券全部當眾燒毀，共計金錢巨萬。鄉里的百姓心懷感激，共同請求官府上奏朝廷，對陳昌期的義行善舉進行旌表。陳昌期知道了，趕緊出來制止，說：救人急難豈可圖名？鄉人為歌頌這件事，在交通大道上立碑紀念，接連數十里，達三十多處。康熙二十八年（一六八九年），大旱，山西災荒嚴重，朝廷發國庫銀救濟，而澤州百姓已得到陳昌期的賑濟，所以將朝廷的撥款留存下來以備荒年。

大學士王熙在《澤州陳太公捐適惠民記》中說：近來關中因災荒告飢，朝廷除了撥款賑濟之外，又轉運襄陽之糧食到關中，需要關中的流民自己運輸回去。假使在秦隴之間能有像陳昌期這樣的人，出錢糧救濟鄉里百姓，足以解救百姓的燃眉之急，可惜沒有這樣的人。所以他稱讚陳昌期說：「今太公有其德而不居，若唯恐人知者，豈不同於尋常萬萬哉！」

陳廷敬的侄孫陳汝樞，字環中，「剛方篤實，見義必為」。凡是關於鄉黨的事，無不任勞任怨。即使是關係疏遠的鄉民，周濟體恤無微不至。乾隆五十七年（一七九二年），「歲大饑，人相食」，陳汝樞就減少自己家中的飲食，用來救濟貧苦的人。同治《陽城縣誌》說：「無積而能散人，以為難能云。」意思是說，家裡沒有儲積，而能把自己的口糧分發給眾人，是常人難以做到的。

清正廉潔

陳氏自三世祖陳秀進入仕途，就十分注重清廉自守，並且留下家訓，傳示後人。他教導子弟說：「詩書勤講讀，財利少貪求。」要求子弟勤奮讀書，不要把心思用在貪求財利上。又說，「清勤爺自守」，「濁富非吾志」，既是自明心志，又是現身說法，教育子弟堅守清操。並且告誡他們「享濁富徇利亡身，懷私心違天害理」，進一步要求他們「修職業要如清獻，不貪財欲比元之」。陳氏家族有這樣的雅訓良規，造就了陳氏一代一代的讀書人，為人處事，時刻把清正廉潔的品行放在首位。

陳廷敬從小受到良好的教育，做官之後，父母經常告誡他不能有貪心，要求他「慎毋愛官家一錢」。陳廷敬把父母的話牢牢記在心中，每想到父母的教誨，往往失聲痛哭。到了晚年，他檢點自己一生，清廉自守，果然沒有辜負父母的期望。

陳廷敬不僅自己潔身自好，而且特別注重教育家人後輩保持清廉之風。他的弟弟陳廷弼出任臨湘（今湖南省臨湘市）知縣，他寫詩囑咐曰：「宦途憐小弟，慎莫愛輕肥。」

他還常教導兒子壯履說：「更得一言牢記取，養心寡欲是良規。」也是要兒子清心寡欲，克己自守。他的次子陳豫朋由翰林院編修改任四川筠連縣知縣，升陝西耀州（今陝西省銅川市耀州區）知州，又遷甘肅鞏昌府的岷洮撫民同知，在川陝隴間做地方官達十四年之久，頗有政績，清名遠揚。豫朋回京之日，陳廷敬高興地寫詩勉勵道：「敝裘羸馬霜天路，賴汝清名到處傳。」他為子孫定了規矩，必須能夠忍耐清貧。「清貧耐得始求官」，也成為陳氏後人入仕求官不可逾越的鐵律。

陳廷敬之孫、陳豫朋之子陳名儉（一七一四年至一七七一年），字以彰，號改庵，一號雅堂，清乾隆甲子（一七四四年）舉人，著有《念修堂詩集》。他到四川省筠連縣任知縣，筠連縣曾經是父親陳豫朋做官的地方。陳豫朋做了七年筠連縣知縣，博得了很好的官聲。筠連縣原來的習俗，不懂得種植小麥和栽種桑樹，陳豫朋任筠連縣知縣時，才親自教百姓學會了這些技術。當時，筠連的百姓仍然傳頌著陳豫朋清廉愛民的事蹟，陳名儉有感於此，寫了《筠連署中即事，寄呈家大人》的詩：

夙緣未了又重臨，捧檄誰知陟岵心。兩世褰幃成故事，七年遺愛入謳吟。親栽宿麥敷膏壤，勸樹柔桑蓄茂林。何必遠稽循吏傳，家藏治譜是官箴。

大意是說，前生的因緣未了，我又來到筠連出仕做官，誰能知我思念父親之心。我們兩世撩起帷幔視察民情成為故事，父親七年留下遺愛，民間傳頌進入歌吟。親自教百姓栽種小麥廣布於肥沃的土地，勉勵種植柔桑養育成茂密的樹林。何必要去查考古代優秀官吏的傳記，家中父祖留下理政的事蹟就是官箴。

陳名儉又到筠連縣附近的珙縣任知縣，珙縣的百姓尚在傳頌陳豫朋在筠連縣任知縣時，珙縣遭受水災，陳豫朋曾捐出俸祿賑濟的事蹟。陳豫朋和樂平易的風範，珙縣的百姓仍然記憶猶新，口碑不絕。陳名儉之弟陳崇儉寫詩曰：「高堂曾此駐行旌，愷悌如今尚有名。」

清廉，不僅要不貪財，也要不貪位。陳廷敬在居官期間，常有歸田思想，晚年多次辭官而不得。他被任命為刑部尚書時，其弟陳廷統任刑部郎中。按規定，有親緣關係，不能在同一衙門任職，需要回避。陳廷統二話沒說，就辭官回了老家。陳廷敬之弟陳廷扆任廣東羅定州知州，其弟陳廷弼到廣東任參議，轄羅定州。陳廷扆是下級，按規定也要回避，陳廷扆也立刻辭官歸鄉。陳廷敬之弟陳廷愫任河北武安縣知縣，任滿後他毅然辭官回籍，陳廷敬到第二年春天才得到消息。

陳氏子弟視官位如敝履，視利祿如糞土，所以入仕從政者多，而絕無貪腐之官，正是得益於其清正廉潔的家風。

陳氏家族的優良家風，今天仍然值得人們學習和借鑑，也將為人們的個人修養和文明建設帶來有益的啟示。

參考文獻

〔清〕繆繼讓：《樊川先生小傳》，清康熙刻本。

〔清〕鄭方坤撰《國朝詩人小傳》，清乾隆刻本。

〔清〕林荔修：《乾隆・鳳臺縣誌》，清乾隆刻本。

〔清〕陳廷敬：《午亭山人第二集》，清乾隆刻本。

〔清〕陳廷敬：《午亭文編》，文淵閣四庫全書本。

〔清〕汪琬：《堯峰文鈔》，文淵閣四庫全書本。

〔清〕王士禛：《精華錄》，文淵閣四庫全書本。

〔清〕葉方藹：《讀書齋偶存稿》，文淵閣四庫全書本。

〔清〕朱彝尊：《曝書亭集》，文淵閣四庫全書本。

〔清〕張英：《文端集》，文淵閣四庫全書本。

〔清〕張玉書：《張文貞集》，文淵閣四庫全書本。

[清]姜宸英：《湛園集》，文淵閣四庫全書本。
[清]李光地：《榕村集》，文淵閣四庫全書本。
[清]國史館輯《漢名臣傳》，清嘉慶刻本。
[清]張維屏：《國朝詩人征略》，清道光刻本。
[清]李元度纂《國朝先正事略》，清同治刻本。
[清]賴昌期修《同治・陽城縣誌》，清同治刻本。
[清]王炳燮編《國朝名臣言行錄》，清光緒刻本。
[清]李玉棻編輯《甌缽羅室書畫過目考》，清光緒刻本。
[清]姚永樸輯《舊聞隨筆》，鉛印本。
[清]吳修編《昭代名人尺牘小傳》，述古叢抄本。
[清]梁章鉅輯《國朝臣工言行記》，清抄本。
[清]無名氏：《午亭山人年譜》，清抄本。
[清]陳廷敬：《尊聞堂集》，清刻本。
[清]魏象樞：《寒松堂集》，清刻本。
[清]蔣良騏輯《東華錄》，清抄本。

［清］陳廷敬：《午亭文編》，中州古籍出版社。
［清］國史館：《清史列傳》，中華書局。
［清］李放纂輯《皇清書史》，遼海叢書本。
［清］朱汝珍輯《詞林輯略》，明文書局。
［清］黃嗣東輯《聖清道學淵源錄》，明文書局。
［清］李桓輯《國朝耆獻類徵》，明文書局。
［清］朱方增輯《從政觀法錄》，北京出版社。
［清］朱樟纂修《雍正・澤州府志》，山西古籍出版社。
［清］儲大文纂《雍正・山西通志》，中華書局。
［清］曾國荃修《光緒・山西通志》，三晉出版社。
《康熙起居注》，中華書局。
《清聖祖實錄》，中華書局。
鄧之誠：《清詩紀事初編》，上海古籍出版社。
袁行雲：《清人詩集敘錄》，文化藝術出版社。
趙爾巽等撰《清史稿》，中華書局。

徐世昌纂《清儒學案》，中華書局。
蔡冠洛編輯《清代七百名人傳》，北京圖書館出版社。

附錄一　陳廷敬年表

明崇禎十一年戊寅（一六三八年）

十二月月三十一日巳時，生於山西省陽城縣郭峪里中道莊。

崇禎十三年庚辰（一六四〇年），三歲

母張氏口授四書、毛詩。

崇禎十六年癸未（一六四三年），六歲

從塾師受句讀，從堂兄陳元（伯父昌言子）學古文。

清順治三年丙戌（一六四六年），九歲

解為詩，賦《詠牡丹》，有「要使物皆春」之句。

順治八年辛卯（一六五一年），十四歲

三月，赴潞安府（今山西長治）試，以童子第一入州學。

十二月，娶明吏部尚書王國光玄孫女王氏為妻。

順治十四年丁酉（一六五七年），二十歲

鄉試中舉。

順治十五年戊戌（一六五八年），二十一歲

四月初五，登孫承恩榜二甲進士，選庶起士。館試、御試輒取第一。

順治十六年己亥（一六五九年），二十二歲

初名「敬」，以是科館選有同名者，奏請改名，正月十三，奉旨更名廷敬。

順治十八年辛丑（一六六一年），二十四歲

三月初七，充會試同考官。

五月初九，散館試第一，授內祕書院檢討。

康熙元年壬寅（一六六二年），二十五歲

因病請假回籍。得河津薛文清公之書，專心洛閩之學。

康熙四年乙巳（一六六五年），二十八歲

還京，仍補內祕書院檢討。

康熙六年丁未（一六六七年），三十歲

九月初五，任《世祖章皇帝實錄》纂修官，考察一等稱職。

是年，禮部尚書龔鼎孶舉行詩酒之會，與汪琬、程可則、劉體仁、葉方藹、董文驥、梁熙、李天馥、王士祿、王士禛諸人參加。

康熙八年己酉（一六六九年），三十二歲

遷國子監司業。

康熙九年庚戌（一六七〇年），三十三歲

閏二月二十三，遷內弘文院侍讀。

康熙十年辛亥（一六七一年），三十四歲

是年復設翰林院，改翰林院侍講，轉侍讀，升侍講學士。

康熙十一年壬子（一六七二年），三十五歲

五月二十，纂修《世祖章皇帝實錄》告成，加一級食俸。

十月十二，充日講起居注官。

康熙十二年癸丑（一六七三年），三十六歲

考察一等稱職，轉翰林院侍讀學士。

九月十四，為武會試副考官，武殿試讀卷官。

康熙十四年乙卯（一六七五年），三十八歲

十二月十三，遷詹事府詹事，兼翰林院侍讀學士。

康熙十五年丙辰（一六七六年），三十九歲

二月初七，奉使命祭告北鎮，途中所賦詩輯為《北鎮集》。

九月初五，升內閣學士兼禮部侍郎。

九月二十九，充經筵講官。

康熙十六年丁巳（一六七七年），四十歲

正月十六，改翰林院掌院學士兼禮部侍郎。二十三，充日講起居注官。二十九，命教習庶起士。

是年，充《太宗文皇帝實錄》副總裁官。

康熙十七年戊午（一六七八年），四十一歲

正月，薦戶部郎中王士禛博學善詩文，擢為翰林院侍讀；詔舉博學鴻儒，薦原任主事汪琬召試一等，授編修。

七月二十八，命入直南書房。

是年，充纂修《皇輿表》總裁官。

十月二十九，母張氏卒。

十一月，聞訃。

康熙十八年己未（一六七九年），四十二歲

正月，奔喪回籍。

六月，奉特旨諭祭。

康熙二十年辛酉（一六八一年），四十四歲

服闋，八月起程，十月二十一還京，補翰林院掌院學士兼禮部侍郎、日講起居注官、經筵講官如故。

康熙二十一年壬戌（一六八二年），四十五歲

二月初六，充會試副考官。

五月初八，補纂修《明史》副總裁官。

十一月十八，充纂修《三朝聖訓》副總裁官。

康熙二十二年癸亥（一六八三年），四十六歲

四月二十三，升禮部右侍郎兼翰林院學士，尋轉左。充《太宗世祖聖訓》總裁官。

康熙二十三年甲子（一六八四年），四十七歲

正月二十六，遷吏部左侍郎兼管右侍郎事，仍兼翰林院學士，特命管理戶部錢法。

九月初九，升都察院左都御史，仍管京省錢法。

康熙二十四年乙丑（一六八五年），四十八歲

正月二十四，上《勸廉袪弊請賜詳議定制疏》、《請嚴考試親民之官以收吏治實效疏》。

五月十九，充《政治典訓》總裁官。

九月初六，上《請嚴督撫之責成疏》、《請議水旱疏》、《撫臣虧餉負國據實糾參疏》。

康熙二十五年丙寅（一六八六年），四十九歲

三月初五，充纂修《大清一統志》總裁官。

閏四月十八，同徐乾學奏進《鑒古輯覽》一百卷。

九月二十六，遷工部尚書。

康熙二十六年丁卯（一六八七年），五十歲

二月十一，調任戶部尚書。

九月十三，調吏部尚書。

十二月，湖廣巡撫張汧案發。

康熙二十七年戊辰（一六八八年），五十一歲

五月初二，上疏乞准回籍。

五月初六得旨：著以原官解任，「修書副總裁等項，著照舊管理」，又命四日一至內直。
康熙二十九年庚午（一六九〇年），五十三歲
二月二十六，特旨補都察院左都御史。二十九，充經筵講官。
四月初四，充《三朝國史》副總裁官。
五月初一，薦邵嗣堯、陸隴其為御史。
七月初十，轉工部尚書。
康熙三十年辛未（一六九一年），五十四歲
二月初六，為會試正考官。
六月初九，轉刑部尚書。
康熙三十一年壬申（一六九二年），五十五歲
七月二十五，父昌期卒。
八月十八，命回籍守制。
康熙三十二年癸酉（一六九三年），五十六歲
二月，康熙帝諭祭至。
十二月，合葬父母於樊山百鶴阡。

康熙三十三年甲戌（一六九四年），五十七歲

服闋。

十一月十四，授戶部尚書。

十二月，至京。

康熙三十六年丁丑（一六九七年），六十歲

九月二十一，仍充經筵講官。

是年，《尊聞堂集鈔》成書。

康熙三十七年戊寅（一六九八年），六十一歲

正月，充纂修《平定朔漠方略》總裁官。

康熙三十八年己卯（一六九九年），六十二歲

十一月初五，轉吏部尚書。

康熙四十一年壬午（一七〇二年），六十五歲

三月，命總理南書房。

康熙四十二年癸未（一七〇三年），六十六歲

二月初六，充會試正考官。

四月二十一，授文淵閣大學士，兼吏部尚書，仍直經筵講官。
康熙四十三年甲申（一七〇四年），六十七歲
六月，充《佩文韻府》總彙閱官。
康熙四十四年乙酉（一七〇五年），六十八歲
二月初九至四月二十八，扈從康熙帝南巡。召試舉、貢、生、監於杭州、蘇州、江寧，奉命閱卷。
康熙四十五年丙戌（一七〇六年），六十九歲
二月初四，充《玉牒》副總裁官。命校理《詠物詩選》。
康熙四十六年丁亥（一七〇七年），七十歲
正月二十二至五月二十二，扈從康熙帝南巡。
康熙四十七年戊子（一七〇八年），七十一歲
正月十八，上疏請休未允。
七月初六，《平定朔漠方略》四十八卷成書。
七月十七，《午亭文編》五十卷成書。
康熙四十九年庚寅（一七一〇年），七十三歲

三月初十，奉旨編纂《康熙字典》。

十一月初十，以老乞休，命以原官致仕。修書未畢，留京辦事。

康熙五十年辛卯（一七一一年），七十四歲

五月三十，因大學士張玉書卒於任，李光地疾未愈，命暫入內閣辦事，諭以勿辭。

康熙五十一年壬辰（一七一二年），七十五歲

二月二十四，臥病，不能入閣辦事。

三月，病劇。

四月十九卒。御製輓詩，諡文貞，遣官護喪歸里，十月至中道莊。

康熙五十三年（一七一四年）

十二月葬於靜坪「紫雲阡」。

附錄二　陳廷敬傳

陳廷敬，初名敬，字子端，山凱撒州人。順治十五年進士，選庶起士。是科館選，又有順天通州陳敬，上為加「廷」字以別之。十八年，充會試同考官，尋授祕書院檢討。康熙元年，假歸，四年，補原官。累遷翰林院侍講學士，充日講起居注官。十四年，擢內閣學士，兼禮部侍郎，充經筵講官，改翰林院掌院學士，教習庶起士。與學士張英日直弘德殿，聖祖器之，與英及掌院學士喇沙里同賜貂皮五十、表裡緞各二。十七年，命直南書房。丁母憂，遣官慰問，賜茶酒。服除，起故官。二十一年，典會試。滇南平，更定朝會燕饗樂章，命廷敬撰擬，下所司肄習。遷禮部侍郎。

二十三年，調吏部，兼管戶部錢法。疏言：「自古鑄錢時輕時重，未有數十年而不改者。向日銀一兩易錢千，今僅得九百，其故在毀錢鬻銅。順治十年因錢賤壅滯，改舊重一錢者為一錢二分五厘，十七年又增為一錢四分，所以杜私鑄也。今私鑄自如，應改重為輕，則毀錢不禁自絕。產銅之地，宜停收稅，聽民開採，則銅日多，錢價益平。」

疏下部議行。

擢左都御史。疏言：「古者衣冠、輿馬、服飾、器用，賤不得逾貴，小不得加大。今等威未辨，奢侈未除，機絲所織，花草蟲魚，時新時異，轉相慕效。由是富者黷貨無已，貧者恥其不如，冒利觸禁，其始由於不儉，其繼至於不廉。請敕廷臣嚴申定制，以挽頹風。」又言：「方今要務，首在督撫得人。為督撫者，不以利欲動其心，然後能正身以董吏。吏不以曲事上官為心，然後能加意於民；民可徐得其養，養立而後教行。宜飭督撫凡保薦州縣吏，必具列無加派火耗、無黷貨詞訟、無朘削富民。每月吉集眾講解聖諭，使知功令之重在此。而皇上考察督撫，則以潔己教吏，吏得一心養民教民為稱職，庶幾大法而小廉。」又言：「水旱凶荒，堯、湯之世所不能盡無，惟備及於豫而周當其急，故民恃以無恐。山東去年題報水災，戶部初議行令履勘，繼又行令分晰地畝高下，今年四月始行覆准蠲免。如此其遲回者，所行之例則然耳。臣愚以為被災分數既有冊結可據，即宜具覆豁免，上宣聖主勤民之意，下慰小民望澤之心，中不使吏胥緣為弊竇。」疏並議行。

二十五年，遷工部尚書。與學士徐乾學奏進《鑒古輯覽》，上嘉其有裨治化，命留覽。時修輯《三朝聖訓》、《政治典訓》、《方略》、《一統志》、《明史》，廷敬並充總裁官。

累調戶、吏二部。二十七年，法司逮問湖廣巡撫張汧，汧曾齎銀赴京行賄。獄急，語涉廷敬及尚書徐乾學、詹事高士奇，上置勿問。廷敬乃以父老，疏乞歸養，詔許解任，仍管修書事。

二十九年，起左都御史，遷工部尚書，調刑部。丁父憂，服闋，授戶部尚書，調吏部。四十二年，拜文淵閣大學士，兼吏部，仍直經筵。四十四年，扈從南巡，召試士子，命閱卷。四十九年，以疾乞休，允之。會大學士張玉書卒，李光地病在告，召廷敬仍入閣視事。五十一年，卒，上深惜之，親製輓詩一章，命皇三子允祉奠茶酒；又命部院大臣會其喪，賜白金千，諡文貞。

廷敬初以賜石榴子詩受知聖祖，後進所著詩集，上稱其清雅醇厚，賜詩題卷端。嘗召見問朝臣誰能詩者，以王士禛對，又舉汪琬應博學鴻儒，並以文學有名於時。上御門召九卿舉廉吏，諸臣各有所舉，語未竟，上特問廷敬，廷敬奏：「知縣陸隴其、邵嗣堯皆清官，雖治狀不同，其廉則一也。」乃皆擢御史。始廷敬嘗亟稱兩人，或謂曰：「兩人廉而剛，剛易折，且多怨，恐及公。」廷敬曰：「果賢歟，雖折且怨，庸何傷？」

（選自《清史稿》卷二百六十七《列傳五十四》）

電子書購買

國家圖書館出版品預行編目資料

陳廷敬 ： << 康熙字典 >> 總閱官 , 任官清廷五十三年 , 教授康熙二十四載 / 馬甫平 , 馬雨晴著 . -- 第一版 . -- 臺北市 ： 崧燁文化事業有限公司 , 2021.12

面； 公分

POD 版

ISBN 978-986-516-948-0(平裝)

1.(清) 陳廷敬 2. 傳記

782.872 110019015

陳廷敬：《康熙字典》總閱官，任官清廷五十三年，教授康熙二十四載

臉書

作　　者：馬甫平，馬雨晴

編　　輯：鄒詠筑

發 行 人：黃振庭

出 版 者：崧燁文化事業有限公司

發 行 者：崧燁文化事業有限公司

E-mail：sonbookservice@gmail.com

粉 絲 頁：https：//www.facebook.com/sonbookss/

網　　址：https：//sonbook.net/

地　　址：台北市中正區重慶南路一段六十一號八樓 815 室

Rm. 815, 8F., No.61, Sec. 1, Chongqing S. Rd., Zhongzheng Dist., Taipei City 100, Taiwan (R.O.C)

電　　話：(02)2370-3310　　**傳　　真**：(02) 2388-1990

印　　刷：京峯彩色印刷有限公司（京峰數位）

定　　價：399 元

發行日期：2021 年 12 月第一版

◎本書以 POD 印製